はじめに

発酵食品がもたらす日本の豊《ゆた》かなくらし

ごはん・みそ汁《しる》・つけもの。日本の食卓《しょくたく》の基本《きほん》です。ここに主菜となる焼き魚や煮《に》ものと、副菜に野菜のあえものをつけるとバランスのよい「一汁三菜《いちじゅうさんさい》」となります。一般的《いっぱんてき》な定食のかたちでもありますね。この中にどれだけ発酵食品がふくまれているでしょうか。みそ汁《しる》には「みそ」とだしに使う「カツオ節」、「つけもの」（ぬかづけなど）、主菜が焼き魚ならかける「しょう油」、煮ものなら調味料として「しょう油」「みりん」「酒」など、あえものが酢《す》のものなら「酢《す》」も発酵食品です。日本の食文化には、発酵食品がかかせないといえるでしょう。

発酵食品は自然から生まれました。自然界にいる微生物《びせいぶつ》のはたらきで食べものが変化します。世界各地に、その地域《ちいき》の気候風土、文化に合った発酵食品があります。日本に伝承《でんしょう》されてきた発酵食品もおなじです。四季がある日本ならではの発酵食品が生まれてきたのです。日本酒やみそなどは「寒じこみ」といって、気温が低く乾燥《かんそう》しているおかげで雑菌《ざっきん》がつきにくい時期につくりはじめます。秋に収穫《しゅうかく》する米を使うことからも、ちょうどよい季節のサイクルになります。

この本では、発酵食品の技《わざ》をさまざまな角度から紹介《しょうかい》しています。知れば知るほど、日本文化の奥深《おくぶか》さを感じ、発酵食品のすばらしさを感じることができるでしょう。

▲『大日本物産圖會《だいにほんぶっさんずえ》　摂津國伊丹酒造之圖《せっつのくにいたみさけづくりのず》』（1800年代後半）三代目歌川広重《うたがわひろしげ》 画
摂津《せっつ》（兵庫県伊丹市《いたみし》）の酒づくりの様子。江戸《えど》時代初期から高級な酒の産地として有名でした。

もくじ

発酵の世界へようこそ・・・・・4

身のまわりの発酵食品…………4

発酵って何だろう？…………6

地域の発酵食品…………8

発酵の技を見てみよう・・・・・10

カツオ節づくりのスゴ技……………10

しょう油づくりのスゴ技…………14

種麹づくりのスゴ技…………18

世界の発酵食品を見てみよう・・・・・・20

食品以外で活躍する発酵技術・・・・・22

みそづくりにチャレンジ！・・・・・24

もっと発酵食品を知ろう・・・・・・26

古代、世界各地に生まれた発酵食品…………26

日本の発酵食品の歴史…………28

科学による発酵の進化と未来…………30

発酵食品の仕事をするには…………31

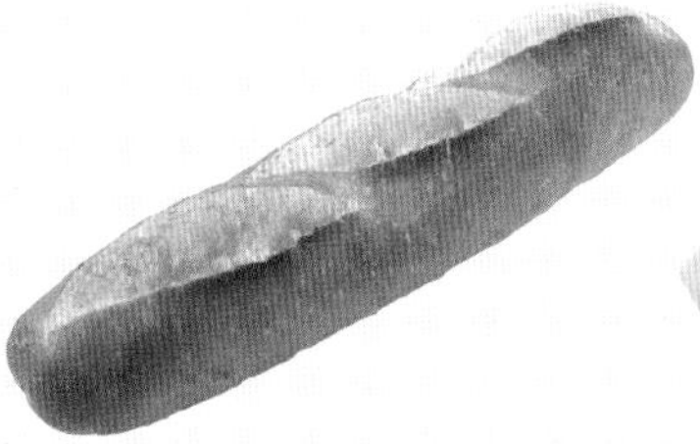

発酵の世界へようこそ

身のまわりの発酵食品

ふだんのくらしの中で、食べたり飲んだり見たりしているものに、発酵食品がたくさんあります。発酵とは何かを知る前に、まずはどんなものがあるのか見てみましょう。

調味料

和食に必要なものばかり！

酢《す》

すっぱい味の決め手になる酢《す》は、米などの穀《こく》物《もつ》や、りんごなどのくだものを発酵させてつくります。色や味は、原料やつくり方によってさまざまです。

しょう油

小皿に入れてつけながら食べるほか、和食の味つけにかかせない調味料です。大豆と麦を発酵させてできる「もろみ」をしぼったものです。(14～17ページ参照《さんしょう》)

みそ

しょう油よりも昔からつくられてきた調味料で、家庭でも手づくりされてきました。大豆や米、麦など穀物《こくもつ》を発酵させてつくります。(24～25ページ参照《さんしょう》)

飲みもの

炭酸《たんさん》やアルコールは発酵でできるよ

紅茶《こうちゃ》

緑茶になる茶の木の葉っぱを、蒸《む》してから発酵させてつくるのが紅茶《こうちゃ》です。半分ほど発酵させてつくったものが、ウーロン茶になります。

ビール

麦を煮《に》てあまい麦汁《ばくじゅう》をつくり、それを発酵させて香りづけしたのがビールです。白い泡《あわ》は発酵のときに生まれる炭《たん》酸《さん》です。

日本酒

蒸《む》した米に米麹《こめこうじ》と酵母《こうぼ》を加えて発酵させてつくるアルコール飲料のことです。こして、しぼったものが透明感《とうめいかん》のある清酒で、残りが酒かすになります。乳酸《にゅうさん》菌《きん》を使うつくり方もあります。

ワイン

ぶどうを皮ごとつぶして、たるやタンクに入れて熟《じゅく》成《せい》・発酵させてつくります。世界一古くからつくられているアルコール飲料といわれています。

食べもの

毎日食べている
ものがあるかな？

ぬかづけ

米ぬかと塩などをまぜたぬか床《どこ》に、野菜などをつけこんで、乳酸《にゅうさん》発酵させたつけものの一種です。つけものには発酵させたものと、発酵させずにつくるものがあります。

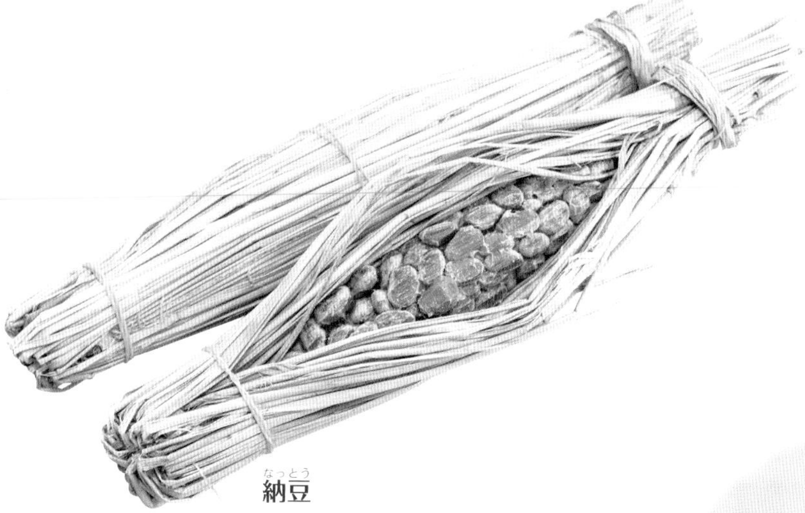

納豆《なっとう》

とても短い時間の発酵でできる、発酵食品の中ではめずらしいものです。稲《いな》わらなどのかれ草についている「納豆菌《なっとうきん》」によって、大豆を発酵させます。

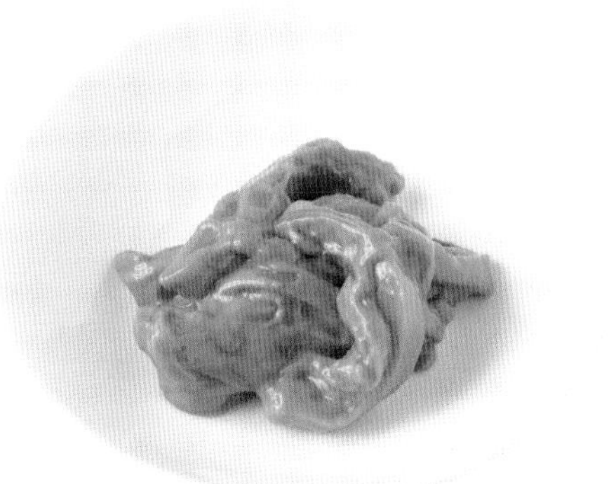

塩から

魚介類《ぎょかいるい》を内臓《ないぞう》などといっしょに塩づけにしてつくる保存食《ほぞんしょく》です。いかの塩からが有名ですが、カツオやイワシ、エビなど、さまざまな魚介類《ぎょかいるい》でつくられます。うまみや塩けを利用して調味料として使われることもあります。

カツオ節

カツオを乾燥《かんそう》させてから、カビをつけて発酵させたもので、とてもかたいのが特徴《とくちょう》です。うまみが豊富《ほうふ》で、けずったものを、ごはんやとうふにふりかけたり、だし汁《じる》づくりに使われます。(10 ～ 13 ページ参照《さんしょう》)

パン

穀物《こくもつ》の粉《こな》に酵母《こうぼ》を加えて練った生地《きじ》を発酵させることで、空気をたっぷりふくんだフワフワのパンができます。肉まんやスコーンも同じように発酵させています。

ヨーグルト

牛乳《ぎゅうにゅう》など、動物の乳《ちち》を発酵させてつくります。成分無調整の牛乳《ぎゅうにゅう》に、ヨーグルトを加え種菌《たねきん》にすると、家庭でもヨーグルトをつくることができるという、シンプルな発酵食品です。

チーズ

牛乳《ぎゅうにゅう》を乳酸菌《にゅうさんきん》などでとうふのようにかためてから水分を減《へ》らし、発酵・熟成《じゅくせい》させてつくります。写真のカマンベールチーズのように、カビをつけて香りや風味を引き出させる種類もあります。

発酵って何だろう？

食べものが微生物《びせいぶつ》の力を借りて発酵することで、味や香り、形、栄養素《えいようそ》がかわったり、保存《ほぞん》できるようになったりします。この発酵とは、どんなことなのか知っておきましょう。

発酵のしくみ

目に見えないとても小さな生物を微生物《びせいぶつ》といいます。微生物《びせいぶつ》は人の体にもいますし、家の中にも外にも、植物や動物にもいます。発酵で活《かつ》躍《やく》する微生物《びせいぶつ》はおもに「カビ」「酵母《こうぼ》」「細菌《さいきん》」の３つに分けられます。これらの微生物《びせいぶつ》は好みの温度や湿度《しつど》になると活発になり、食品を食べます。食べることによって、微生物《びせいぶつ》がもつ物質《ぶっしつ》「酵素《こうそ》」が食品の糖《とう》類《るい》などを分解《ぶんかい》して変化させるのです。体によい物質《ぶっしつ》に変化させることを「発酵」といい、人に害になるものをつくりだしてしまうと「くさる」となるわけです。

納豆《なっとう》で見る発酵

ゆでた大豆を、納豆菌《なっとうきん》をもつ稲《いな》わらでつつむと、納豆菌《なっとうきん》が大豆に移《うつ》ります。

水戸納豆《みとなっとう》で有名な水戸市のある茨城県は、納豆《なっとう》の生産量日本一をほこっています。特徴《とくちょう》は、おもに小つぶの大豆を使っていることです。いろいろな地域《ちいき》の納豆のちがいを比《くら》べてみるのもよいでしょう。

納豆菌《なっとうきん》が好きな高温多湿《こうおんたしつ》の環境《かんきょう》に置いておくと、納豆菌《なっとうきん》は活発になって大豆を食べます。

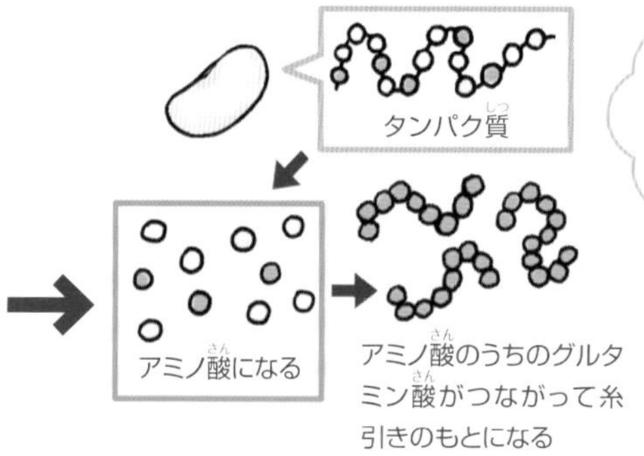

納豆菌《なっとうきん》が、大豆のタンパク質《しつ》をアミノ酸《さん》に分《ぶん》解《かい》し、その内のグルタミン酸《さん》をつなぎあわせることで、大豆はネバネバになります。

ちょうどよい発酵具合になったら温度と湿度《しつど》をもどして活動を休ませます。

発酵食品はすごい！

おいしくする

うまみ成分を引き出しておいしくしたり、独特《どくとく》な風味を加えたり、舌《した》ざわりをなめらかにするなど、もとの素材《そざい》よりもおいしくなる場合があり、人びとに好まれ、広まっていきました。

長もちさせる

とくに肉や魚介類《ぎょかいるい》などは、常《じょう》温《おん》ではくさりやすいものですが、発酵させることで長い期間食べられるようになりました。冷蔵庫《れいぞうこ》のない時代の知恵《ちえ》のひとつです。

栄養素《えいようそ》をつくる

発酵することで、もとの食品より栄養価《えいようか》がぐんとアップすることがあります。とくに人間の体の中でつくれないミネラル分をとるには、発酵食品はとてもたいせつといわれています。

健康を助ける

免疫力《めんえきりょく》を高め、体を強くするといわれる乳酸菌《にゅうさんきん》をたっぷりふくむ発酵食品がたくさんあります。乳製品《にゅうせいひん》だけでなく、野菜を発酵させたつけものにも多くふくまれています。

発酵で活《かつ》躍《やく》する微《び》生《せい》物《ぶつ》

カビ

あま酒や塩麹《しおこうじ》をつくる米麹《こめこうじ》は、蒸《む》した米にコウジカビをはやしたものです。日本で多く使われる、しょう油やみそ、日本酒、酢《す》、カツオ節などをつくるときに活躍《かつやく》します。そのほか、青カビや白カビはチーズづくりの発酵で活躍《かつやく》し、クモノスカビは中国の酒や酢《す》づくりで使われます。

酵母《こうぼ》

「天然酵母《てんねんこうぼ》のパン屋さん」という言葉を聞いたことがあるでしょうか。パンづくりで活躍《かつやく》する微生物《びせいぶつ》です。英語では「イースト」といいます。糖分《とうぶん》を分《ぶん》解《かい》してアルコールと二酸化炭素《にさんかたんそ》を生み出すはたらきがあり、ワインやビール、日本酒づくりでも活躍《かつやく》します。発酵の母としてこの字があてられました。

細菌《さいきん》

３つのうち、もっとも小さい微生物《びせいぶつ》です。ふだんからよく聞く、おなかにやさしく、健康によいといわれる乳酸菌《にゅうさんきん》も、細菌《さいきん》のひとつです。ヨーグルトやつけものづくりで活躍《かつやく》します。そのほか、納豆《なっとう》をつくる納豆菌《なっとうきん》（枯草菌《こそうきん》）や、酢《す》をつくる酢酸菌《さくさんきん》などが、発酵で役立ちます。

発酵食品と微生物《びせいぶつ》の関係

もとの素材《そざい》から、ずいぶん変化するよ！

原材料	おもに活躍《かつやく》する微生物《びせいぶつ》	発酵食品
大豆や麦 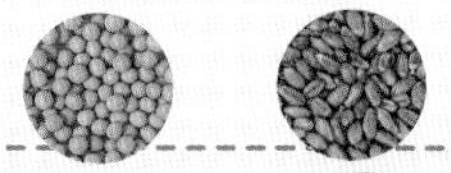	カビ → 乳酸菌《にゅうさんきん》 → 酵母《こうぼ》	みそ・しょう油 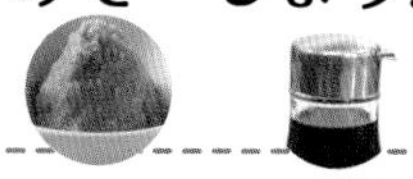
大豆 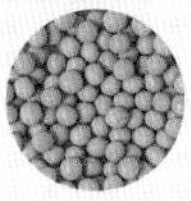	納豆菌《なっとうきん》	納豆《なっとう》 
米 	カビ → （乳酸菌《にゅうさんきん》） → 酵母《こうぼ》	日本酒 
米 	カビ → 酵母《こうぼ》 → 酢酸菌《さくさんきん》	酢《す》 
野菜 	乳酸菌《にゅうさんきん》	つけもの 
牛乳《ぎゅうにゅう》 	乳酸菌《にゅうさんきん》 → （カビ）	ヨーグルト・チーズ 
ブドウ 	酵母《こうぼ》	ワイン 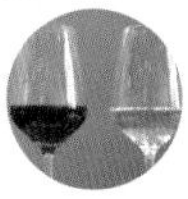
麦 	酵母《こうぼ》	パン 

地域《ちいき》の発酵食品

発酵食品は、各地域《かくちいき》の特徴《とくちょう》や産物に合わせて、さまざまなものがつくられてきました。日本の豊《ゆた》かな発酵食品の世界を見てみましょう。

沖縄県

とうふよう

琉球王国《りゅうきゅうおうこく》時代（1429 ～ 1879 年）には、宮廷料理《きゅうていりょうり》のひとつとして食べられていた珍味《ちんみ》です。とうふを麹《こうじ》で発酵させることで、水分がぬけてバターのような食感になります。つまようじなどで、少しずつ食べます。

スクガラス

スクはアイゴという魚の稚魚《ちぎょ》（子どもの魚）のことで、カラスは塩からのことです。夏の大潮《おおしお》（海の干潮《かんちょう》と満潮《まんちょう》の差がもっとも大きいこと）の日に、サンゴ礁《しょう》の内側の海に集まってくるスクを利用します。

石川県

ひねずし

奥能登地域《おくのとちいき》の郷土料理《きょうどりょうり》で、祝いごとや祭りなどで食べられてきました。塩づけにした魚を米といっしょにつけこみ、熟成《じゅくせい》させ、乳酸《にゅうさん》発酵させたものです。すしの原形である、「なれずし」の一種です。

京都府

へしこ

丹後地域《たんごちいき》でつくられてきた郷土料理《きょうどりょうり》です。サバやイワシなどの魚を、米ぬかと塩に半年から１年間つけこんで発酵させます。ぬかを落として軽く焼いて食べます。

大徳寺納豆《だいとくじなっとう》

糸引き納豆《なっとう》ができる前からつくられていた納豆《なっとう》です。納豆菌《なっとうきん》ではなく、麹菌《こうじきん》で発酵させてから、乾燥《かんそう》させ、熟成《じゅくせい》させます。みそに近い味わいで、そのまま食べたり、調味料として使ったりします。

奈良県

奈良づけ

およそ 1200 年もの歴史があるといわれる、酒かすを使ったつけものです。ウリやキュウリ、ナス、ショウガなどの野菜がおもに使われます。愛知県では守口《もりぐち》づけ、兵庫県では甲南《こうなん》づけという、かすづけがあります。

大分県

あゆうるか

大分県には多くの清流が流れていて、その恵《めぐ》みのひとつがアユです。夏にとれるアユを保存《ほぞん》するため、身や内臓《ないぞう》をミンチにして塩を加えて熟成《じゅくせい》・発酵させてつくります。おかずにしたり、調味料にしたりします。

鹿児島県

みき

米とサツマイモ、砂糖《さとう》でつくる奄美《あまみ》地域《ちいき》の乳酸《にゅうさん》発酵飲料です。漢字では「神酒」と書き、豊作《ほうさく》を願う祭りなどのときに、神様に捧《ささ》げられてきましたが、今では健康によいものとして、通年飲まれています。

高知県

碁石茶《ごいしちゃ》®

蒸《む》した茶葉を、ねかせてカビつけ・発酵させ、さらに蒸《む》したときに出る煮汁《にじる》を加えて、重石《おもし》をのせ乳酸《にゅうさん》発酵させます（上写真）。それを３～４センチの角切りにして天日干《てんぴぼ》ししますが、その様子が碁石《ごいし》のように見えることから名前がついたといわれています。

秋田県

しょっつる

漢字では塩魚汁と書き、魚に塩を加えて1年以上ねかせて、熟成《じゅくせい》・発酵させてつくる、しょう油のような調味料です。秋田県ではおもにハタハタという魚を利用してつくります。

北海道

松前《まつまえ》づけ

南部の松前郡《まつまえぐん》あたりで生まれた郷土《きょうど》料理《りょうり》です。江戸時代、ニシン漁がさかんな地域《ちいき》だったこともあり、その卵《たまご》であるカズノコを使います。干《ほ》したスルメイカとコンブの細切りといっしょに、しょう油や酒、みりんなどでつけます。

山形県

しょう油の実

大豆と小麦、米に種麹《たねこうじ》をまぜて麹《こうじ》をつくり、そこに塩水を加えてねかせ、まぜながら発酵させてつくります。ごはんやとうふにのせたり、調味料として使ったりします。

茨城県

ごさいづけ

サンマを塩づけにし、発酵してきたころにダイコンを加えていっしょにつけこんでつくります。イワシやサケを使うこともあります。

東京都

くさや

伊豆諸島《いずしょとう》の特産品で、ムロアジやトビウオなどの魚を「くさや汁《じる》」につけこんでから洗い、干《ほ》してつくります。「くさや汁《じる》」は塩や水が貴重《きちょう》だった時代に、魚をつける塩水を使いまわしているうちに、魚の成分から微生物《びせいぶつ》が発生し、発酵することで自然に生まれました。独特《どくとく》のにおいとうまみが特徴《とくちょう》です。

長野県

野沢菜《のざわな》づけ

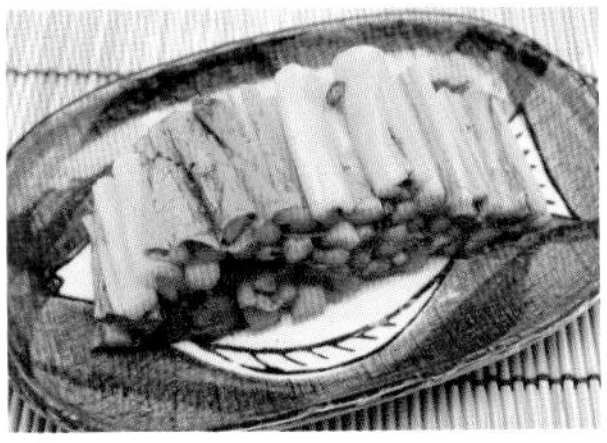

ノザワナを塩などといっしょにたるでつけて乳酸《にゅうさん》発酵させたつけものです。緑色の浅づけ（写真）と、あめ色になるまで発酵させる古づけがあります。

静岡県

わさびづけ

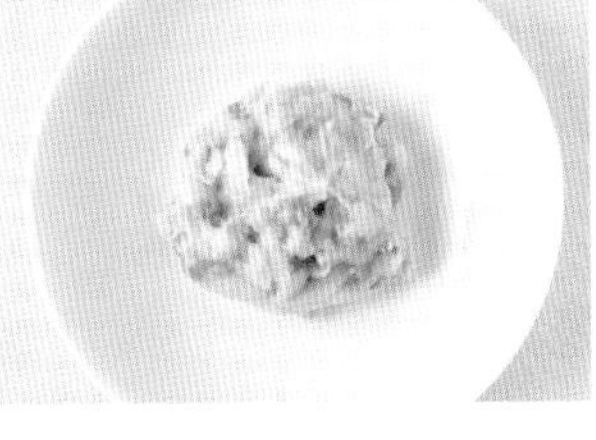

県の特産品であるワサビの、葉やくき、根を酒かすにつけたものです。もともとはワサビのくきのぬかづけが伝わっていましたが、それをもとに江戸時代にかすづけが考えられたといわれています。

「手前みそ」は全国に

この言葉は、ひかえ目に自分のことをほめるときに使います。昔、各家庭でくふうをこらしたみそづくりがおこなわれていた時代、「手前ども（自分）のみそは……」などと自家製《じかせい》のみそを自慢《じまん》することから生まれました。

子どものときから食べなれたものは特別です。また発酵でつくられるみそは、同じ分量・同じ材料でつくっても、その家庭の環境《かんきょう》で変化します。現在《げんざい》、家庭でつくられることは少なくなっても、各地域《かくちいき》で好まれるみそが全国でつくられています。いろいろなみそを食《た》べ比《くら》べてみるのもおもしろいでしょう。

発酵の技《わざ》を見てみよう

カツオ節づくりのスゴ技《わざ》

カビをつけて発酵させることで、うまみが熟成《じゅくせい》し、乾燥《かんそう》がすすみ、世界一といわれるほどにかたい食品になります。約 140 年続く静岡県西伊豆《にしいず》のカネサ鰹節商店《かつおぶししょうてん》のカツオ節づくりの技《わざ》を見てみましょう。

深さ2メートルの焙乾炉《ばいかんろ》の上に、ゆでたカツオの切り身をならべたせいろを積んで、けむりでいぶしてゆっくり乾《かん》燥《そう》させている様子です。

手火山式《てびやましき》

カツオ節づくりの基本《きほん》の流れ

1 カツオを切る

頭や内臓《ないぞう》などをとり、つくりやすい大きさに切り分けます。

2 煮《に》る

かごに切り身をならべて、たっぷりの湯でゆでます。

3 身を洗う

ゆでた身を洗い、皮や骨《ほね》をとります。

4 いぶして乾《かわ》かす

まきの火のけむりで１か月かけて数度いぶして乾《かわ》かします。

5 カビつけ

カツオ節専用《せんよう》のカビを吹《ふ》きかけます。

6 発酵

湿度《しつど》のある部屋に置いて発酵させます。

7 天日干《てんぴぼ》し・熟成《じゅくせい》

天日干《てんぴぼ》し、たるの中で熟成《じゅくせい》、をくり返してしあげます。

1 カツオを切る

1日に切るカツオは約1000尾《び》！　いたまないように一気に1日で切り分けます。切る部分ごとに4つに分かれた流れ作業は、あざやかな手技《てわざ》が光ります。繊細《せんさい》な刃物《はもの》さばきと体力が必要です。

スタート

頭を切る

円ばん形のカッターがついた専用《せんよう》の機械で、カツオの頭を切ります。次の作業場の流れを見ながら用意します。

内臓《ないぞう》と背の骨《ほね》をとる

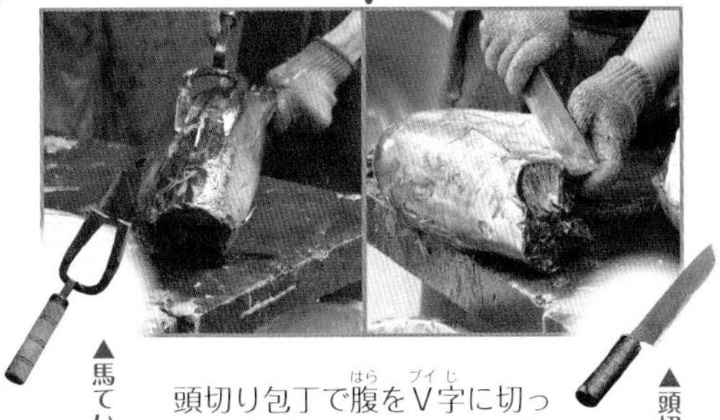

▲馬てい包丁

▲頭切り包丁

頭切り包丁で腹《はら》をV字《ブイじ》に切って内臓《ないぞう》をとり、馬てい包丁で背《せ》の骨《ほね》と背《せ》ビレをとります。

3枚《まい》におろす

▲身おろし包丁

身おろし包丁で、3枚《まい》におろして中骨《なかぼね》をはずし、身を2枚《まい》にします。

さらに半分に切る

▲合断《あいだ》ち包丁

合断《あいだ》ち包丁で、半身を半分に切る「地切り」をします。刃《は》の角度をかえずに、ていねいに引いて切ります。

2 煮《に》る

「煮熟《しゃじゅく》」という工程《こうてい》です。「煮《に》かご」にカツオの切り身をならべて、80～90度の湯で、2時間ほどゆでます。

切り身を指1本分の間をあけながら、むだなく均等《きんとう》にならべていく「かご組み」作業です。

煮《に》かごをたくさん重ねて、湯の中に入れます。クレーンで運ばないとできない重さです。

ふっとうしないように、水をたしながら、2時間ほど煮《に》ます。

ゆであがったカツオは取り出して、次の作業まで冷ましておきます。

3 身を洗う

煮《に》たときについたアクをとり、残っている皮や骨《ほね》をとりのぞきます。手ざわりと目で細かくチェックします。

しっかり目で見て、指先の感覚をとぎすまして、よごれなどをチェック！

骨《ほね》があれば、手や骨《ほね》ぬき用ピンセットでていねいにとります。

さわれるくらいにカツオが冷めたら、煮《に》かごごと水そうに入れて、身を水の中でそうっとはずします。

水の中で身をなでて洗い、アクをとります。身がくずれないように、やさしく洗います。

きれいに洗った身は、次の工程《こうてい》のためにせいろにならべます。

4 いぶして乾《かわ》かす

カツオの身をせいろごと、いぶして乾《かわ》かしていきます。これを「焙乾《ばいかん》」といいます。いぶしては数日ねかせて、またいぶして……と何度もくり返して少しずつ乾燥《かんそう》させます。

深さ２メートルの焙乾炉《ばいかんろ》の底でまきを燃《も》やし、せいろを２～３枚《まい》のせ、熱とけむりでいぶします。火《ひ》加減《かげん》、いぶし加減《かげん》の確認《かくにん》には熟練《じゅくれん》の技《わざ》が必要です。

１回目の焙乾《ばいかん》が終わって身がしまったら、形をきれいにととのえます。出っぱったところをけずったり、穴《あな》のあいたところにカツオのすり身をいぶした「モミ」をぬったりします。

１回目の焙乾《ばいかん》がすんで形をきれいにととのえたあとは、焙乾《ばいかん》１時間・数日ねかせる……をくり返し、１か月ほどかけて乾《かわ》かします。カツオを手でさわり、かたさや重さの感覚でしあがりを判断《はんだん》します。

焙乾《ばいかん》が終わった状態《じょうたい》が「荒節《あらぶし》」です。

5 カビつけ

荒節《あらぶし》の表面をみがいてととのえてから、カツオ節専用《せんよう》の「カワキコウジカビ」を、きり吹《ふ》きで表面につけて、発酵させる準備《じゅんび》をします。

シュッ
シュッ

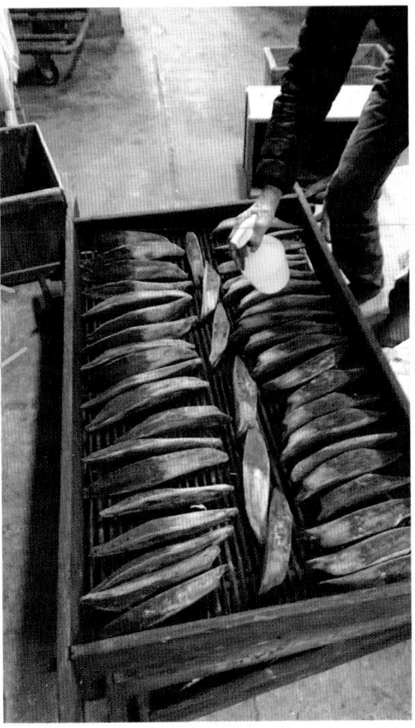

表面全体につくように、身をひっくり返しながら、カビをていねいに吹《ふ》きつけていきます。

6 発酵

呼吸《こきゅう》しやすい木のたるにカツオを入れ、カビが育ちやすい環境《かんきょう》にして、発酵させます。カビはカツオの水分を吸《す》いとり、あぶらをうまみに変化させます。

加湿器《かしつき》でしめらせた部屋に 20 日間くらいおいて発酵させます。

7 天日干《てんぴぼ》し・熟成《じゅくせい》

晴れた日に、カツオをむしろにならべて日光浴させます。夕方にたるへもどすときに表面のカビをこすり落としながらたるにしまい、ねかせて熟成《じゅくせい》。これをくり返して完成します。

天日干《てんぴほ》しは3～4か月かけて6回から8回おこないます。

熟成《じゅくせい》とちゅうも状態《じょうたい》をチェック。持った感覚、におい、たたいた音などで熟成具合《じゅくせいぐあい》を確認《かくにん》します。

本枯《ほんが》れカツオ節のできあがり！

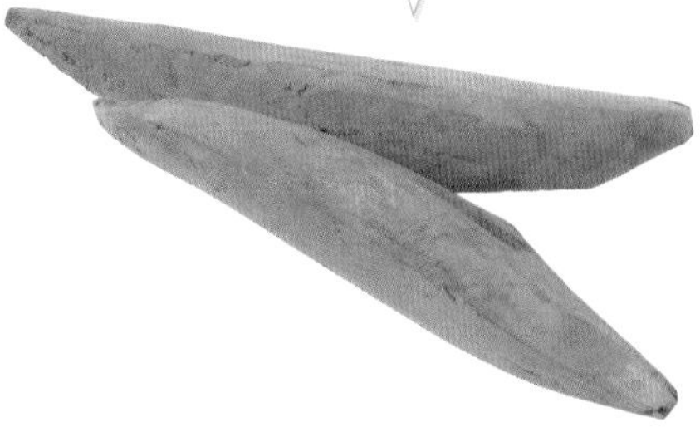

カビによる発酵で、乾燥《かんそう》と熟成《じゅくせい》をくり返し、おいしいカツオ節ができあがりました！

丸大豆

しょう油づくりのスゴ技《わざ》

約1年かけてゆっくりつくるしょう油は、しょう油麹《こうじ》をつくることからはじまります。つぶ状《じょう》のものがどうやって液体《えきたい》になっていくのか、発酵のパワーを見てみましょう。約170年続く、ちば醤油《しょうゆ》の技《わざ》が光ります。

発酵を活発にさせる「かくはん」という、「もろみ」（しょう油のもと）をまぜる作業。昔は木製《もくせい》の「櫂棒《かいぼう》」という道具で重いもろみをまぜていましたが、今は圧縮空気《あっしゅくくうき》を送ってまぜます。

しょう油づくりの流れ

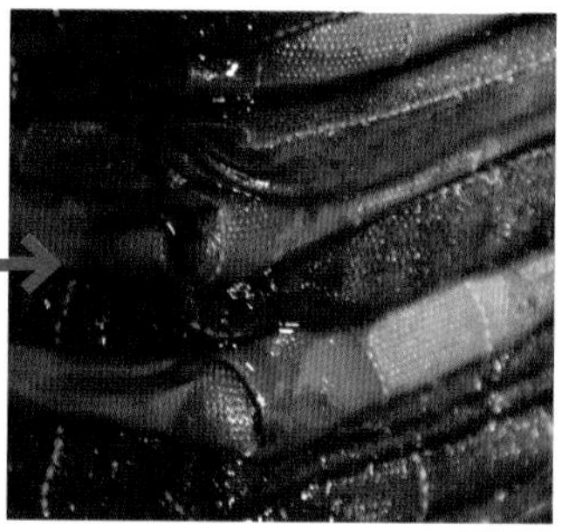

1 材料の準備《じゅんび》

大豆、小麦に火を通し、コウジカビをまぜるなど、材料の準備《じゅんび》をします。

2 しょう油麹《こうじ》づくり

麹室《こうじむろ》で温度と湿度《しつど》を調整しながら、「しょう油麹《こうじ》」をつくります。

3 発酵

しょう油麹《こうじ》に塩水を加えて「もろみ」にし、何か月もじっくり熟成《じゅくせい》・発酵させます。

4 もろみをしぼる

できたもろみを少しずつ布《ぬの》でつつみ、じっくりしぼって、しょう油をつくります。

1 材料の準備《じゅんび》

コウジカビが活動しやすいように、麦と大豆にそれぞれ火を通して、コウジカビと合わせます。

小麦

生

炒《い》る

くだく

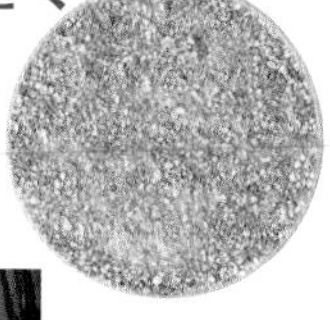

この中を小麦が通るときに、320 度の熱風を1分ほどあて、加熱《かねつ》・乾燥《かんそう》させます。

風をあてて、小麦を冷まします。

はばの広いベルトコンベアは細かい網《あみ》になっていて、空気で冷やします。

大豆

生

蒸《む》す

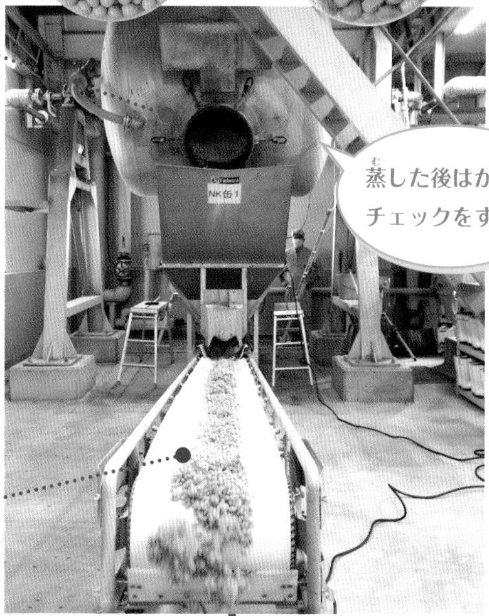

前日から水にひたしておいた大豆を、蒸《じょう》気《き》で圧力《あつりょく》をかけて高温で蒸《む》します。

少し冷ましてからベルトコンベアで移動《いどう》させます。

くだいた小麦の上に蒸《む》した大豆をのせて、流れていきます。

コウジカビ

コウジカビの粉《こな》をかけて、さらに流れていきます。

3つの材料がまぜられ、「麹室《こうじむろ》」へ流れていきます。

2 しょう油麹《こうじ》づくり

しょう油麹《こうし》

まぜた材料を、直径 11 メートルほどの大きな装置《そうち》に入れて、温度と湿度《しつど》を調整しながら発酵させ、40 時間以上かけて「しょう油麹《こうじ》」をつくります。これを「製麹《せいきく》」といいます。

材料を入れたときには 28 度くらいになっています。コウジカビが成長しやすいように下の1階部分から湿度《しつど》約 100%の空気を送ります。コウジカビの成長により温度が上がりますが、35 度に近づいたら手入れ機で温度を下げるように、コンピューターで管理します。

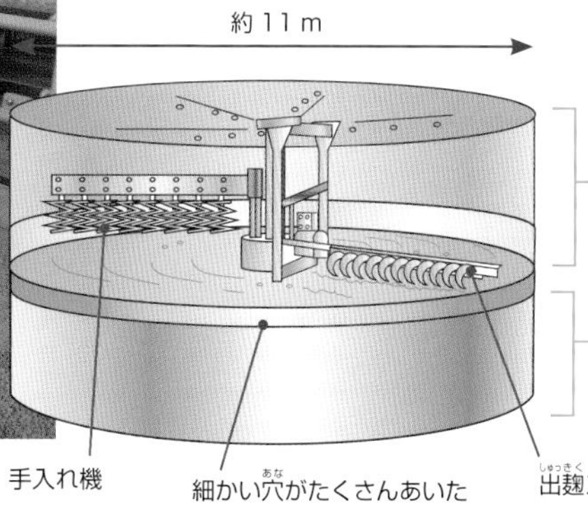

3 発酵

しょう油麹《こうじ》に塩水を加えて発酵させます。はじめに深さ3メートル40センチのコンクリート槽《そう》で発酵させてから、木おけに移《うつ》してゆっくり「もろみ」を熟成《じゅくせい》させます。

塩水とまぜる

水にまじりけのない精製塩《せいせいえん》を溶《と》かして飽和状態《ほうわじょうたい》（約30%。これ以上溶《と》けない濃《こ》さ）にしてから、水で薄《うす》めて23～24%の塩水を用意します。この塩水をしょう油麹《こうじ》と合わせて「もろみ」にします。

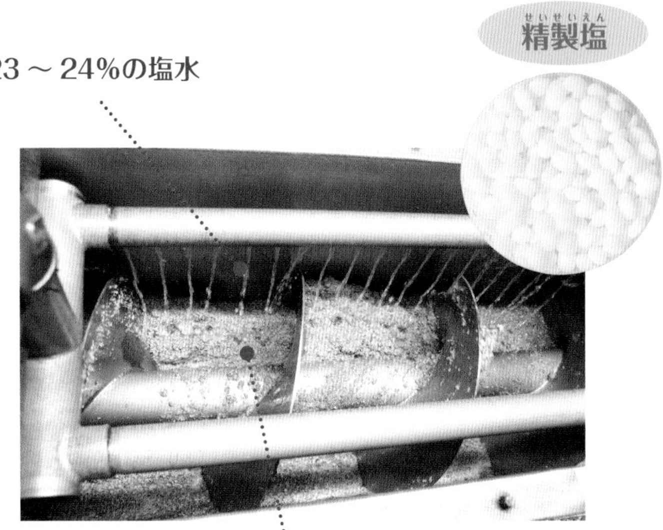

↓

発酵・熟成《じゅくせい》

コンクリート槽《そう》で4～5か月、木おけに移《うつ》してさらに4～5か月、合わせて9か月～1年ほどかけて、発酵・熟成《じゅくせい》させます。大豆を丸のまま使うため、微生物《びせいぶつ》が分解《ぶんかい》するにも時間がかかります。

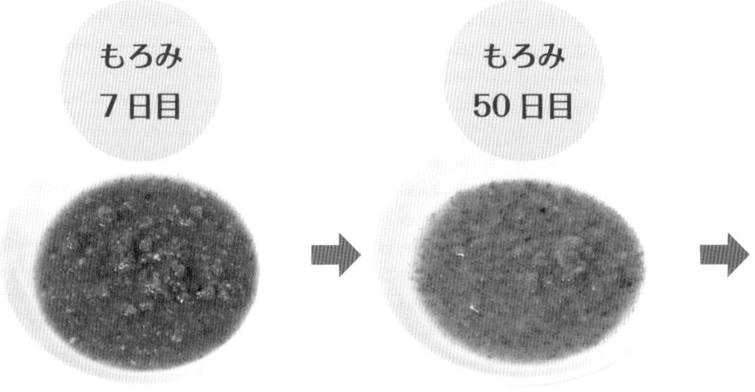

↓

かくはん

発酵の様子を見ながら、圧縮空《あっしゅくくう》気《き》でまぜて微生物《びせいぶつ》の活動を活発にします。長い棒《ぼう》の先から空気が出て、底からまぜることができます。

4 もろみをしぼる

もろみを少しずつ、布《ぬの》でつつんで重ね、圧力《あつりょく》をかけてしょう油をしぼります。

圧《あっ》さく用の布《ぬの》「ろ布《ふ》」の上にもろみを決まった分量を流し、周囲《しゅうい》を上に折りたたんで、またろ布《ふ》をかぶせてもろみを流し、重ねていきます。

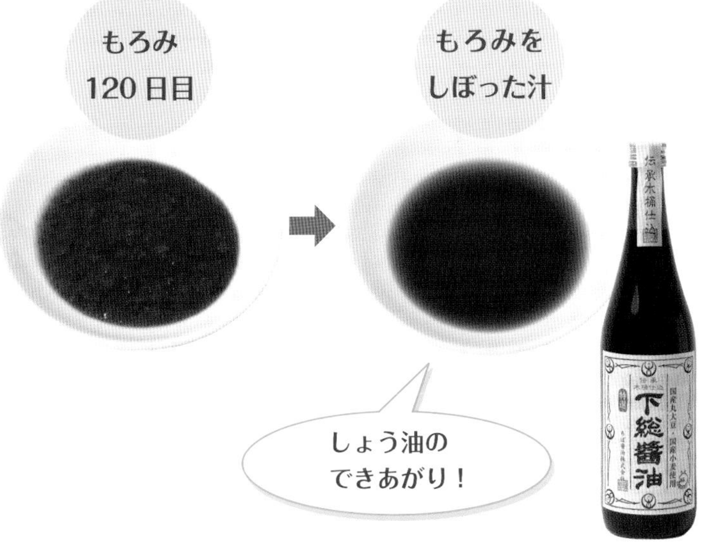

はじめは、80 ～ 100 枚《まい》重ねた自然の重みでしぼり、1日たってから2種類の方法（写真上と右）で圧力《あつりょく》をかけてしぼります。約3日間かけてゆっくりしぼることで、透明感《とうめいかん》のあるしょう油ができます。

火入《ひい》れ

しぼったしょう油はにごりや油分をとりのぞいたあと、加熱処理《かねつしょり》＝「火入《ひい》れ」をします。発酵を止め、殺菌《さっきん》と香りづけの効果《こうか》があります。

丸大豆以外のしょう油づくり

食用油として油分をとりのぞいた大豆からしょう油をつくる方法もあります。まろやかな風味の丸大豆でつくるしょう油より、短い発酵時間でできあがり、うまみが強くシャープな香りが特徴《とくちょう》です。

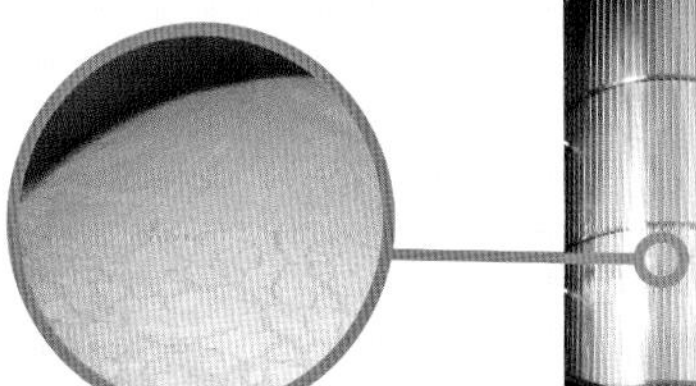

しょう油麹《こうじ》と塩水を合わせたら、大きな発酵タンク（100 トン）で３か月ほど発酵させます。その後、熟成《じゅくせい》させ、全工程《ぜんこうてい》で約6か月かけてできあがります。

丸大豆のもろみより、つぶが細かくしぼりやすいため、一度に約 400 枚《まい》分のろ布《ふ》にはさんだもろみを重ねてしぼります。1日3ケースおこない、約3万リットルのしょう油がつくられています。

種麹《たねこうじ》づくりのスゴ技《わざ》

日本の発酵食品の多くに使われるコウジカビ＝麹菌《こうじきん》は、2006年に日本醸造学会《にほんじょうぞうがっかい》から「国菌《こっきん》」と認定《にんてい》されました。このコウジカビについて、培養《ばいよう》や醸造《じょうぞう》(※)の科学的な研究・調査《ちょうさ》をおこなう機関「日本醸造協会《にほんじょうぞうきょうかい》」で教えてもらいました。

※培養《ばいよう》…菌類《きんるい》や細胞《さいぼう》などを人工的に育て、増《ふ》やすこと。※醸造《じょうぞう》…発酵を利用して酒類やみそ、しょう油などをつくること。

米にコウジカビがついた米麹《こめこうじ》

麹《こうじ》とコウジカビと種麹《たねこうじ》

コウジカビは発酵をうながす微生物《びせいぶつ》のひとつです。デンプンをエサにして糖《とう》をつくりだすはたらきをするため、デンプンを多くふくむ物質《ぶっしつ》をあたえると、成長することがわかります。そのためエサには、米などの穀物《こくもつ》が使われます。コウジカビが米などの表面で網目状《あみめじょう》に成長した状態《じょうたい》のものを、おもに麹《こうじ》(米麹《こめこうじ》) とよびます。さらにカビを成長させると胞子《ほうし》がつきます。その胞子《ほうし》をふるい落として、集めて種麹《たねこうじ》をつくります。麹《こうじ》づくり、種麹《たねこうじ》づくりはどちらも、成長過程《せいちょうかてい》になるので、とてもタイミングがむずかしいのがわかります。

麹《こうじ》のもとの種麹《たねこうじ》だよ

コウジカビが成長するミクロの世界

1 菌糸《きんし》がのびる

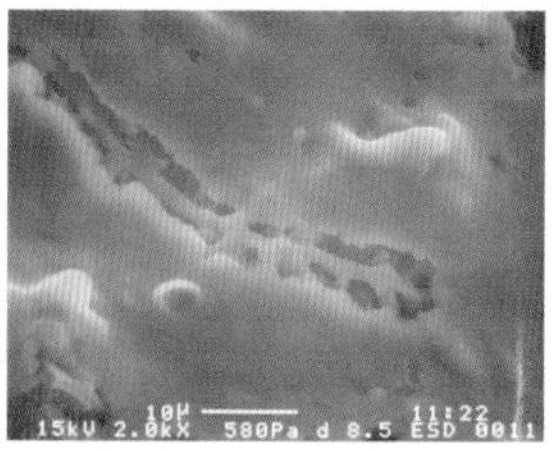

▲18時間目

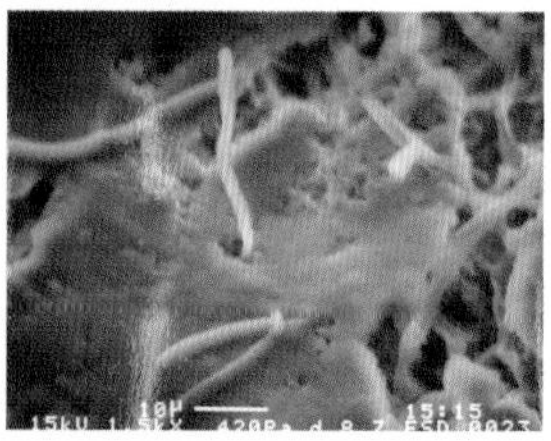

▲24時間目

蒸《む》した米にコウジカビをまき、温度と湿度《しつど》を調整すると、小さなつぶのコウジカビから芽《め》がでて、菌糸《きんし》となって網目《あみめ》のように米の表面をおおいます。左の写真の上は18時間目、下は24時間目の状態《じょうたい》です。

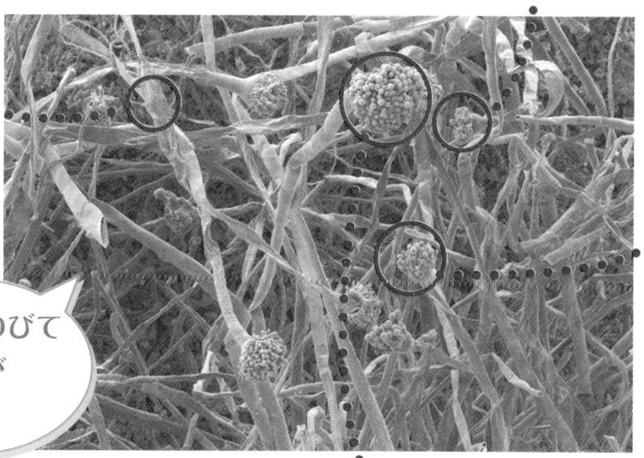

菌糸《さんし》がのびて麹《こうじ》の花が咲くよ！

2 頂《ちょう》のうができる

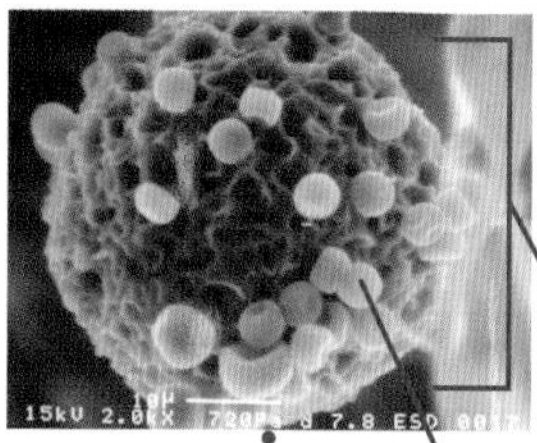

胞子《ほうし》

頂《ちょう》のう

さらに時間がたつと菌糸《きんし》は表面からはなれるようにのび、先には胞子《ほうし》がつく「頂《ちょう》のう」という部分ができます。写真は頂《ちょう》のうに胞子《ほうし》がつきはじめたところです。

3 胞子《ほうし》がおおう

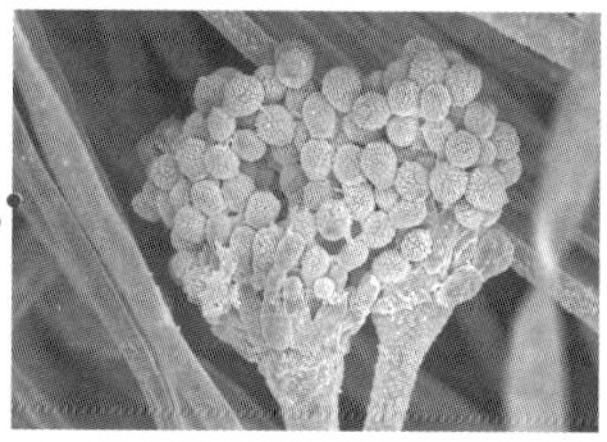

頂《ちょう》のうの表面にびっちりと胞子《ほうし》がつきました。まだまだ成長します。

4 胞子《ほうし》が増《ふ》える

胞子《ほうし》は、頂《ちょう》のうからのびるように、数珠《じゅず》つなぎに増《ふ》えていきます。どこまでのびた状態《じょうたい》がよいかタイミングをはかって培養《ばいよう》を止め、胞子《ほうし》をふるい落とします。

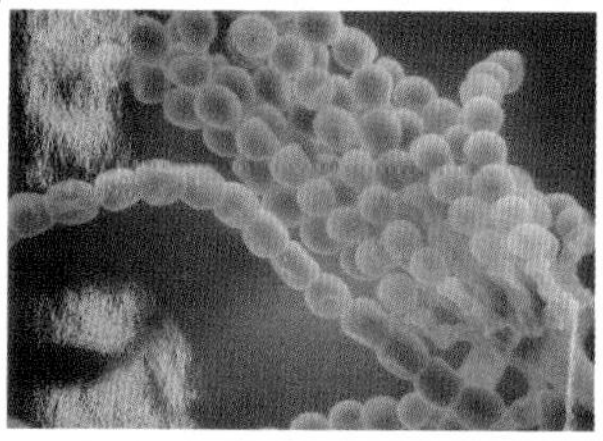

コウジカビって花みたい！

カラー写真で見る胞子《ほうし》

▲白コウジカビの胞子《ほうし》

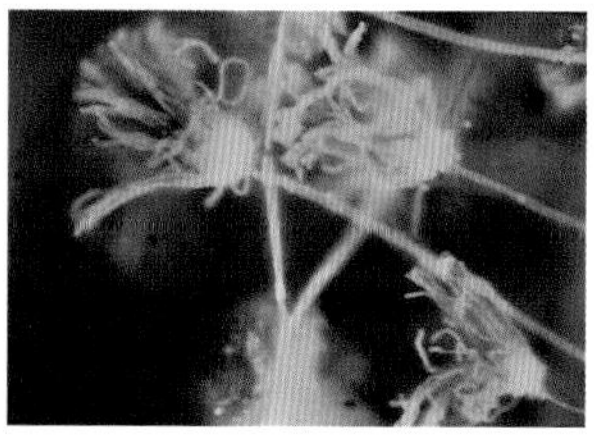

▲黄コウジカビの胞子《ほうし》

「もやし屋さん」って何？

300年以上つづく京都の老舗《しにせ》「菱六《ひしろく》もやし」で学ぼう

明治時代以前まで、日本には発酵という言葉はありませんでした。そのかわりにあったのが「もやし」です。これは今でいう種麹《たねこうじ》のことで、日本酒づくりに使われてきました。米からコウジカビが生える様子の「萌《も》える」から「もやし」となったと考えられています。今では昔ながらの種麹《たねこうじ》づくりをしている店は少なくなりましたが、菱六《ひしろく》では代々受けつがれてきた菌《きん》を生かしつつ、時代に合わせた種麹《たねこうじ》づくりをしています。

▼代々受けつがれてきた菌《きん》は約300種。その中から、おもに20種類の菌《きん》を2種類以上、目的や時代の好みに合わせて配合をかえてつくっています。

▲京都の五条橋《ごじょうばし》近くにある店は、奥《おく》に4つの室《むろ》があり、日々種麹《たねこうじ》がつくられています。

◀「何代目かはわからないんです」という現《げん》代表の助野彰彦《すけのあきひこ》さん。22歳《さい》のころに家業を知り、勉強して跡《あと》をつぐことになったそうです。室《むろ》の温度と湿度《しつど》の管理は経験《けいけん》でつちかわれていく技《わざ》のようです。

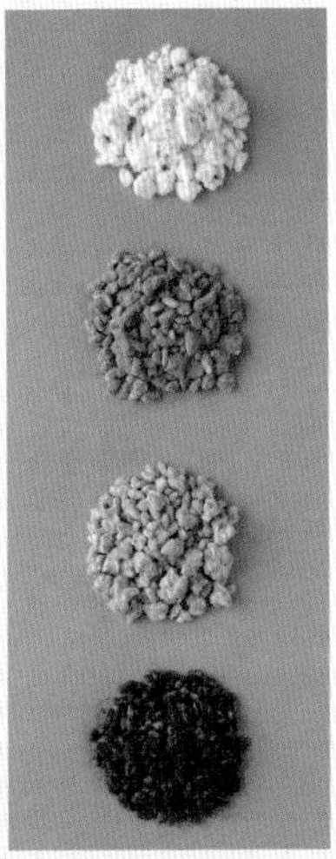

▶コウジカビはさまざまな色があります。上から、「白色系麹菌《こうじきん》」はみそに使用、「緑色系麹菌《こうじきん》」は日本酒・しょう油・酢・みりん・みそに使用、下2つは「焼酎用麹菌《しょうちゅうようこうじきん》」で、とくに黒色は酒の泡盛《あわもり》で使われます。

▲種麹《たねこうじ》づくりに使われる「麹《こうじ》ぶた」（左）と「一升《いっしょう》ます」（右）。

菱六《ひしろく》のもやしづくり

1 米の準備《じゅんび》

玄米《げんまい》を、つくる種麹《たねこうじ》にあわせて、表面をけずり（みがき）、ひと晩《ばん》水につけてから蒸《む》します。

2 コウジカビをふりかける

米を「床《とこ》」という深さのある箱に入れ、40度くらいに冷めたら、コウジカビをふりかけて、まぜながら30度にして、室《むろ》の温度と湿度《しつど》を調整します。

3 麹《こうじ》ぶたに移《うつ》す

コウジカビをふりかけてから約24時間後、コウジカビが活発になると温度が上がってくるので、厚《あつ》さの薄《うす》い麹《こうじ》ぶたに移《うつ》し、空気にふれる面積を増《ふ》やします。コウジカビの活動で温度が上がりすぎても微生物《びせいぶつ》が死んでしまいますし、下げすぎても成長しなくなるので、約35度くらいに保たれるように、何枚《なんまい》もある麹《こうじ》ぶたを動かしたり、室《むろ》の扉《とびら》を開けたり閉《し》めたりして、温度調整をします。

胞子《ほうし》をつけたコウジカビ。

4 胞子《ほうし》がつきやすい温度に

麹《こうじ》ぶたに移《うつ》してからおよそ48時間後、今度は胞子《ほうし》がつきやすい30度に温度調整をして約72時間育てます。ごく細かい毛のように見える胞子《ほうし》がはえてきます。

5 ふるって粉《こな》にする

専用《せんよう》の機械でふるって胞子《ほうし》だけをとりだします。それだけでは米などの表面につきにくく使いにくいので、米やじゃがいものデンプン粉《こ》をまぜて、種麹《たねこうじ》をつくります。

世界の発酵食品を見てみよう

発酵は、その土地にあるもので、その土地にいる微生物《びせいぶつ》がつくり出すものです。地域《ちいき》の特色があらわれ、食文化が見えてきます。日本の発酵食品と比《くら》べながら見てみましょう。

ザワークラウト

ドイツ

キャベツと塩だけでつくられるつけものです。キャベツにもともといる微生物《びせいぶつ》により乳酸《にゅうさん》発酵します。ソーセージなどの肉料理のつけ合わせのほかに、火を通す食べ方もあります。

シュールストレミング

スウェーデン

「すっぱい魚」という意味で、ニシンの塩づけを缶詰《かんづめ》に密閉《みっぺい》し、その中で発酵させます。世界一くさい食べものといわれ、発酵で出るガスがたまるため、開けるときに汁《しる》が飛び出やすいのが特徴《とくちょう》です。

イタリア・スペイン

アンチョビ

カタクチイワシを塩づけして発酵・熟成《じゅくせい》させて、オリーブオイルにひたして保存《ほぞん》しやすくしたものです。とても塩からいので、料理の味つけなどに使います。

トルコ

(cc)Lapplaender

アイラン

発酵食品のヨーグルトに水と塩をまぜた飲みものです。よくまぜたときに泡《あわ》が出ることがあります。地域《ちいき》により、水のかわりにキュウリの汁《しる》を入れたり、ニンニクや黒コショウで味つけしたりすることもあります。

インド

ナン

小麦粉《こむぎこ》にふくまれる自然の酵《こう》母《ぼ》を利用して発酵させた生地《きじ》を、タンドールという深い鍋《なべ》の内側にはりつけて焼いた、パンの一種です。カレーといっしょに食べます。

ミャンマー

ラペソー

茶葉を半年から１年かけて発酵させた、つけものです。そのまま食べることもありますが、野菜やナッツ類といっしょにまぜたラペットゥーというサラダもよく食べられています。

ロシアほか

サワークリーム

生クリームを乳酸《にゅうさん》発酵させたものです。ロシアでは「スメタナ」とよばれ、シチューやスープ、メイン料理のソースにと、さまざまに利用されています。ヨーロッパやアメリカでも広く使われています。

中国

臭《しゅう》どうふ

とうふを発酵液《はっこうえき》につけることで、とうふを発酵させてつくります。そのものを食べたり、つぶして調味料として使ったりします。

朝鮮半島《ちょうせんはんとう》

キムチ

ハクサイなどの野菜を塩づけしてから、トウガラシや香味野菜、魚《ぎょ》介《かい》の塩から、くだものなどを合わせたヤンニョムという合わせ調味料をまぶして、乳酸《にゅうさん》発酵させてつくります。冬にそなえて春先まで食べるキムチを大量につける「キムジャン」という風習があります。

アメリカ

タバスコ

メキシコ原産のトウガラシの一種、タバスコペッパーをすりつぶして、その上に塩をかぶせて発酵させます。約３年熟成《じゅくせい》させたあとに酢《す》を加えてねかせてつくっているため、からみと酸味《さんみ》があるのが特徴《とくちょう》です。

フィリピン

ナタデココ

ココナツの果汁《かじゅう》に、酢酸菌《さくさんきん》の一種「ナタ菌《きん》」を加えて２週間ほど発酵させることで、表面から自然にかたまります。それをゆでてサイコロ状《じょう》に切ったもので、デザートなどに使われます。

インドネシア

テンペ

大豆をテンペ菌《きん》（クモノスカビ）で発酵させたもので、火を通して食べます。市場などではバナナの葉につつんで売られることもあります。ベジタリアン（菜食主義《さいしょくしゅぎ》者《しゃ》）は肉の代用品として使います。

ベトナム

ヌクマム

魚を発酵させてつくったしょう油です。小形の魚を丸ごと使い、塩をまぜて数か月かけて熟成《じゅくせい》・発酵させます。タイのナンプラー、ラオスのナムパー、カンボジアのトゥック・トレイも同様につくります。

ブラジル

ポンデケージョ

タピオカの原料であるキャッサバ（いもの一種）の粉《こな》を使い、発酵させてつくります。丸い形と、もっちりした食感が特徴《とくちょう》です。

食品以外で活躍《かつやく》する発酵技術《ぎじゅつ》

発酵の技術《ぎじゅつ》は食品以外でもさまざまな分野で活躍《かつやく》しています。昔ながらの発酵の技《わざ》、新しい発酵の技《わざ》などを紹介《しょうかい》します。身のまわりの発酵の世界を探《さが》してみましょう。

薬

コウジカビ	➡	ジアスターゼ 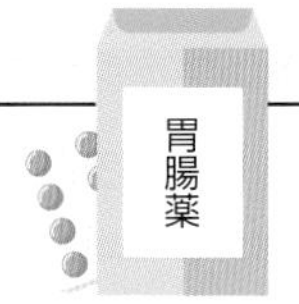
青カビ	➡	ペニシリン
ホウセンキン	➡	ストレプトマイシン 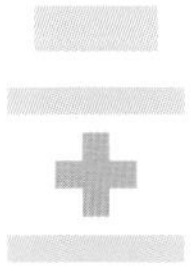

●今でも活躍《かつやく》している薬です

微生物《びせいぶつ》のはたらきで物質《ぶっしつ》が変化する発酵は、薬の分野でも活躍《かつやく》し、人々の命と健康を守ってきました。コウジカビからジアスターゼ（アミラーゼ）という物質《ぶっしつ》を取り出し、消化を助ける胃腸薬《いちょうやく》「タカジアスターゼ」がつくられました（1894年高峰譲吉《たかみねじょうきち》）。青カビからは、世界初の抗生物質《こうせいぶっしつ》であるペニシリンが発見されました（1928年アレクサンダー・フレミング）。ホウセンキンが発酵でつくりだしたものからは、結核《けっかく》などの伝染病《でんせんびょう》の治療《ちりょう》に使われるストレプトマイシンが発見されました（1944年セルマン・ワクスマン）。さまざまなサプリメント（栄養補助《えいようほじょ》食品《しょくひん》）も、発酵を活用してつくられています。

肥料《ひりょう》

●田畑の土を元気にします

古くから田畑の栄養にも、発酵が役立ってきました。森林の落ち葉が自然に積もって発酵して分解《ぶんかい》し、土になるのと同じことです。これが、空気をふくみ、栄養たっぷりの堆肥《たいひ》となります。枯《か》れ葉《は》や植物以外に、家畜《かちく》のふんにょう、生ごみなどをつんでおき、発酵させてつくります。「コンポスト」ともいわれ、生ごみをへらすエコ活動としても注目をあびています。

▶微生物《びせいぶつ》の活躍《かつやく》で、栄養たっぷりの土ができます。

▲生ごみは、微生物《びせいぶつ》が分解《ぶんかい》して土の栄養になります。

染色《せんしょく》

●タデアイを発酵させて染《そ》めます

江戸時代からおこなわれている藍染《あいぞめ》には発酵がかかせません。まず、タデアイを乾燥《かんそう》させてから蔵《くら》の中でねかせて、水をまいたりまぜたりしながら発酵させて「すくも」をつくります。これを熱湯でまぜて泥状《どろじょう》になったものを水をはった藍《あい》がめに加え、石灰《せっかい》などを加えてねかし、ふたたび発酵させます。12～13日でしっかり発酵したらまぜます（写真）。何度かまぜて液《えき》がおちついたら染《そ》めます。ひたす回数で色の濃《こ》さがかわります。

▲かめの中に糸や布《ぬの》をひたして青く染《そ》めます。

▲濃《こ》い色は何回もひたして染《そ》めます。

新素材《しんそざい》

●バイオプラスチックも発酵でできます

化石燃料《かせきねんりょう》でつくるプラスチックは、二酸化炭素《にさんかたんそ》の排出《はいしゅつ》や使用後のごみなど、さまざまな環境問題《かんきょうもんだい》が心配されています。これらを解決《かいけつ》する方法のひとつが、発酵で生まれる新《しん》素材《そざい》「バイオプラスチック」の活用です。そのうち、トウモロコシやイモなどの植物のデンプンや糖類《とうるい》を発酵させた「バイオマス」を原料にしてつくった素材《そざい》「バイオマスプラスチック（BP）」は、二酸化炭素《にさんかたんそ》の排出《はいしゅつ》をおさえることができます。また、微生物《びせいぶつ》などのはたらきで、最終的に水と二酸化炭素《にさんかたんそ》に分解《ぶんかい》され、自然界に循環《じゅんかん》できる素材《そざい》「生分解性《せいぶんかいせい》プラスチック（グリーンプラ）」も注目をあびています。

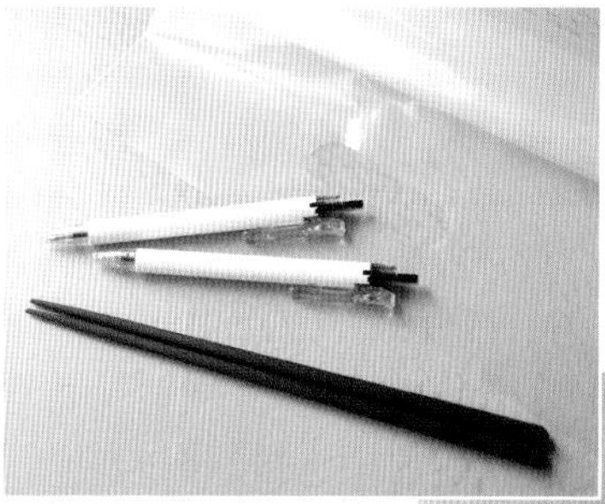

◀植物の発酵でできる素材《そざい》でつくられた、バイオプラスチックのはし・ボールペン・透明《とうめい》の袋《ふくろ》です。

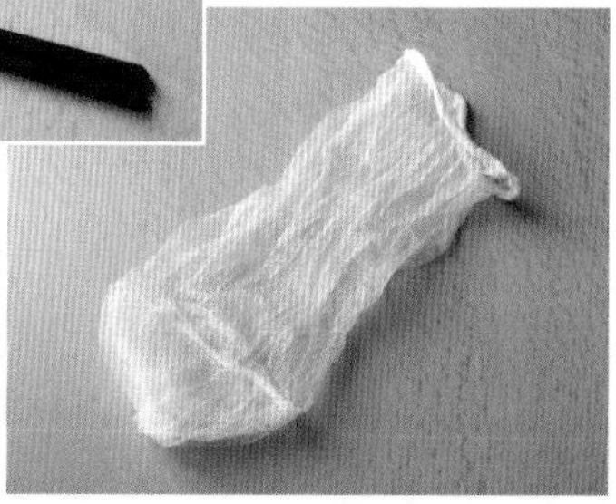

▶分解《ぶんかい》されて自然界にかえる素材《そざい》の水切りネット。

エネルギー

●バイオエネルギーも発酵が活躍《かつやく》

●バイオエタノール

サトウキビなどを発酵させて、蒸留《じょうりゅう》してつくるエタノールです。現在《げんざい》はガソリンとまぜて使われています。ガソリンだけよりも二酸化炭素《にさんかたんそ》の排出量《はいしゅつりょう》が少ないことが特長です。また、バイオエタノールから排出《はいしゅつ》された二酸化炭素《にさんかたんそ》は植物が吸収《きゅうしゅう》し、その植物がバイオエタノールをつくるサイクルになって、二酸化炭素《にさんかたんそ》が余計《よけい》に増《ふ》えることがないという「カーボンニュートラル」が実現《じつげん》できます。

●バイオガス

家畜《かちく》の排《はい》せつ物《ぶつ》や食品廃棄物《しょくひんはいきぶつ》を発酵させたときに出るガスを有効利用《ゆうこうりよう》するのがバイオガスです。おもな成分はメタンで、発電などに使われます。

下水処理《げすいしょり》

●汚《よご》れた水をきれいにします

生活排水《せいかつはいすい》や工業排水《こうぎょうはいすい》、雨水などが集まる下水処理場《げすいしょりじょう》でも発酵が大活躍《だいかつやく》しています。

①集まった下水は自然に汚泥《おでい》を沈《しず》めます。

②残った水は空気を入れてまぜることで発酵し、微生物《びせいぶつ》が目に見えない汚《よご》れを分解《ぶんかい》します。その分解《ぶんかい》した汚《よご》れは微生《びせい》物《ぶつ》について沈《しず》みやすいかたまりになり、汚泥《おでい》になります。

③汚泥《おでい》は発酵させることで、肥料《ひりょう》として活用できるようになり、さらに発酵で生まれたガスはエネルギーとして発電などに使われます。

さまざまな下水処理《げすいしょり》の方法があるので、すべての下水処《げすいしょ》理場《りじょう》でおこなわれているわけではありませんが、発酵はこんなところでも活躍《かつやく》しています。

みそづくりにチャレンジ！

手づくりみそは、体によくておいしいですよ♪

大豆のすばらしさを知ってもらうために、みそやとうふづくりの講座《こうざ》をおこなう「みそソムリエ」の吹留《ひいどめ》純子《じゅんこ》さんに、みそづくりを教えてもらいました。大人の人といっしょにみそづくりにチャレンジしましょう。

材料

乾燥《かんそう》大豆…300 グラム
米麹《こめこうじ》………300 グラム
塩…………150 グラム
ホワイトリカー…適量《てきりょう》

※大豆が多いと風味が高く、麹《こうじ》が多いと甘さが増《ま》します。好みで割合《わりあい》を少しかえてもよいです。

●つくる時期と熟成中《じゅくせいちゅう》の管理

みそは６～10か月前後ねかせて熟成《じゅくせい》・発酵させてつくります。11～２月くらいにつくるのがおすすめです。温かくなってきたら、カビがはえていないか確認《かくにん》しましょう。万が一カビがでても、その部分をとりのぞけばだいじょうぶです。表面を平らにして、ふたたびホワイトリカーで消毒《しょうどく》します。

いつもお手伝いしているから、まかせて！

おいしいおみそ、つくるからね！

❶ 大豆をふやかす

つくる前日に、大豆を水で洗ってから、３倍以上の水につけて、ひと晩（８時間以上）おき、ふやかします。まん丸だった豆が、長丸の豆らしい形になり、だいたい２倍くらいの大きさになります。

乾燥《かんそう》大豆は
まん丸の形

た～っぷりの水に
ひたして
おくと……

ふっくら
ふくらんだ！

❷ 大豆をゆでる

ふやけた大豆をなべに入れて、しっかりかぶるくらいの水を加えて中火にかけます。ふっとうしたら、湯をすてて（汚《よご》れをとるため）、ふたたび水を加えて中火にかけます。ふっとうしたら弱火にして、３～４時間やわらかくなるまでゆでます。とちゅう、アクが出たら、とりのぞきましょう。

▲ゆでた大豆。親指と小指でかんたんにつぶれるやわらかさになったらゆであがり。

食べてみると、
ちょっとあまい
味がするよ。

❸ 大豆をつぶす

大豆がさわれるくらいの温度になったら、大きめのボウルやたらいに入れて、手でつぶします。ゆで汁《じる》は少しとっておきましょう。マッシャーやミキサー、フードプロセッサーを使ったり、袋《ふくろ》に入れてめん棒《ぼう》や足でつぶす方法もあります。

温かいうちに
大豆をつぶそう！

▲大豆が温かいうちだと、つぶしやすいです。やけどに注意しましょう。

体重をかけて
しっかりおすよ。

▲全体がつぶれてきたら、残っている豆を探《さが》しながらつぶしましょう。

▲大豆をはしによせて、スペースをつくります。大豆を冷めにくくして、乾燥《かんそう》からふせぐ役割《やくわり》もあります。

米麹《こめこうじ》、入りました！

4 米麹《こめこうじ》と塩をまぜる

つぶした大豆をはしによせて、すき間をつくります。そこに米麹《こめこうじ》と塩を入れ、まず2つをよくまぜ合わせます。米麹《こめこうじ》と塩は別の入れものでまぜてから、大豆に加えてもかまいません。

塩も入りました！

米麹《こめこうじ》と塩をなじませよう！

▲米麹《こめこうじ》はかたまりになっていることもあるので、ここでよくほぐしておきましょう。

▲材料のさかい目から、少しずつまぜていきます。つぶした大豆に、米麹《こめこうじ》のつぶを入れていく感じです。

ゆで汁《じる》どうぞ

▲耳たぶくらいのかたさになるように、大豆のゆで汁《じる》を加えます

5 すべての材料をまぜる

大豆と、米麹《こめこうじ》と塩をまぜたものを、いっしょにまぜます。大豆のつぶが残っていたら、ここでつぶしましょう。ゆで汁《じる》を少し加えて、耳たぶくらいのかたさになるように調整します。全体が均一《きんいつ》になったら、空気を抜《ぬ》くように一方によせます。

やわらかくなって、まぜやすくなったよ。

ペタペタみそづくりって楽しいね♪

▲空気をぬくように、力を入れながら、はしによせておきます。

ネコの手でギュッとおすよ

▲にぎりやすい量を手にとり、空気をぬきながらギュッと丸めていきます。それを、容器《ようき》のすみにギュッとおしつけて、空気が入らないようにつめていきます。

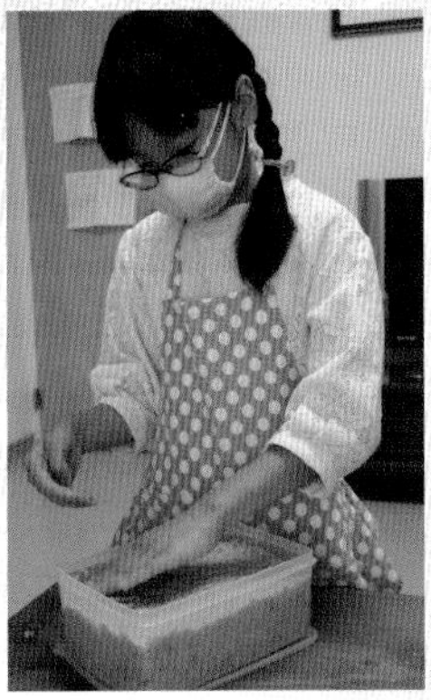

◀すべてつめたら、表面を平らにします。はしにも空気が入らないようにていねいにおしつけましょう。

6 容器《ようき》に入れる

ホワイトリカーで消毒《しょうどく》した容器《ようき》に、空気が入らないようにおしつけながら、少しずつつめていきます。最後に表面を平らにして、ホワイトリカーで表面を消毒《しょうどく》し、ふたをします。湿気《しっけ》や気温変化が少ないところに置きます。ひと夏こえたころから食べごろになります。

▲ホワイトリカーをひたしたキッチンペーパーで表面を消毒《しょうどく》します。においを吸《す》わないように気をつけましょう。

できあがり！

できあがりが待ちどおしいね♪

お豆をつぶすの楽しかった！

もっと発酵食品を知ろう

古代、世界各地に生まれた発酵食品

食べものを置いておくことで発酵することは、自然の中で生まれました。古代に各地で生まれた発酵食品を見てみましょう。

発酵食品の誕生《たんじょう》は「置《お》き忘《わす》れ」から?

発酵食品は自然環境《しぜんかんきょう》の中で生まれました。たとえば、収穫《しゅうかく》して保存《ほぞん》していた麦が雨にぬれたり、川があふれて水につかったりしたときに、そのまま置いていたら、自然の条件《じょうけん》の中で発酵し、今でいう「麹《こうじ》」になっていたこともあるでしょう。それを料理したらおいしいと気づいた人がいたかもしれません。また、食べものが今よりずっと貴重《きちょう》だった昔、麦をゆでたかゆを食べ残して置いていたら、泡《あわ》が出ているのを見つけた人が、もったいないと思い、不安に感じながらも食べてみたら、独特《どくとく》の香りやあまみがあっておいしく感じたこともあったでしょう。日本のあま酒やにごり酒のような状態《じょうたい》になっていたのです。これらは1万2000年～9000年くらい前に小麦を手にしたといわれるメソポタミア（現《げん》・イラクの一部）でおこったであろうと考えられていることです。

このような偶然《ぐうぜん》の産物と同じものを、自分たちの手で意図的につくりたいと、古代の人たちは何度も失敗と成功をくり返しながら、よいものがつくれる確率《かくりつ》を高めていったことでしょう。こうして発酵食品は人工的につくられるようになり、広まっていったと考えられます。

古代文明で生まれたおもな発酵食品

7000～5000年前に農耕《のうこう》や家畜《かちく》がさかんになり中東や中国、インドで古代文明が誕生《たんじょう》しました。中東のメソポタミアでは、麦を粉《こな》にする技術《ぎじゅつ》が生まれ、水とまぜて練り、発酵させないまま焼いたピザのような平たいパンが食べられていました。生地を発酵させたパンは、6000～5000年前から、エジプトでつくられるようになりました。この技術《ぎじゅつ》は国外へ伝えることを禁《きん》じてたいせつに守られていました。のちの古代ギリシャの歴史家ヘロドトスが「エジプト人は、パン食い人だ」とおどろくほど、エジプトではパンづくりの技術《ぎじゅつ》が発展《はってん》し、約200種類ものパンが記録されています。

家畜《かちく》の乳《ちち》は、自然についた乳酸菌《にゅうさんきん》による発酵で、固まったり、酸味《さんみ》のある飲みものになったりしました。ここからヨーグルトやチーズ、バターがつくられるようになります（27ページ参照《さんしょう》）。

また、メソポタミアのシュメール人は、約6000年前にはブドウからワインをつくり、5000年前には麦からビールをつくっていたという記録があります。

古代文明では農耕《のうこう》や家畜《かちく》により、安定して食料を手に入れられるようになって発展《はってん》しました。考古研究者によっては、発酵食品をつくるために農耕《のうこう》や家畜《かちく》をはじめたと考える人もいます。

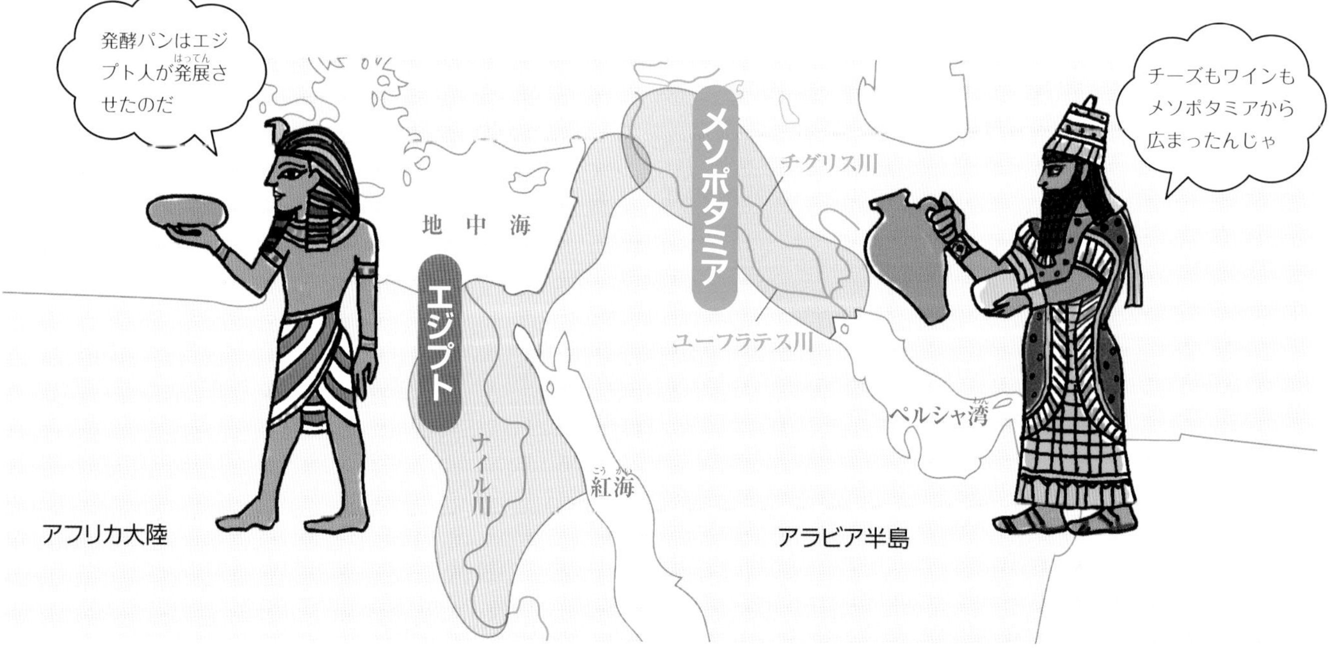

動物の乳《ちち》の発酵技術誕生《ぎじゅつたんじょう》と東西への広まり

動物の乳《ちち》はおよそ１万年前から、中東や中央アジアで飲まれていたと考えられています。その発酵食品もやはり偶然《ぐうぜん》の産物として生まれたようです。それがいつごろかははっきりしていませんが、8000 年前くらいと考えられています。動物の皮膚《ひふ》や容器《ようき》の中の微《び》生物《せいぶつ》により発酵してできる乳酸菌飲料《にゅうさんきんいんりょう》は、動物の乳《ちち》を飲む地域《ちいき》では自然に発生したものと考えられるでしょう。

乳《ちち》の発酵食品の中でも、チーズやバターは乳《ちち》を固まらせたり分離《ぶんり》させたりと手を加える必要があります。中東では約 7000 年前のチーズづくりの道具が発掘《はっくつ》されていますから、そのころすでに乳《ちち》を人工的に発酵させていたことがわかります。メソポタミアの約 4500 年前のレリーフ（浮彫《うきぼり》）には、牛の乳《ちち》しぼりの様子と、その乳《ちち》を固まらせる作業の様子が描《えが》かれています（下のイラスト参照《さんしょう》）。

そうしたことから、乳《ちち》を発酵で固まらせる（凝固《ぎょうこ》）技術《ぎじゅつ》は、中東で誕生《たんじょう》した可能性《かのうせい》が高いと考えられています。

この技術《ぎじゅつ》は東西へ広まりました。東へは、北東に位置するモンゴルに伝わると、加熱や酸《さん》によって固まらせるチーズづくりが発達します。南東のインドでは、加熱や酸《さん》で固まらせるものと、植物由来の酵素《こうそ》を使うチーズづくりが根づきます。２つの地域《ちいき》に共通する加熱で固まらせる方法は、のちに日本へ伝わります。

一方、西では、地中海沿岸地域《えんがんちいき》や西ヨーロッパへ、現在《げんざい》のおもなチーズづくりの方法である、酵素《こうそ》を使うつくり方が広まりました。長い年月をかけて発展《はってん》し、有名なものだけでも 1000 種類以上のチーズがあるといわれています。

●約 4500 年前につくられたメソポタミアのレリーフのスケッチ

牛の乳《ちち》を発酵で固まらせている様子が描《えが》かれています。チーズやバターをつくっていたのでしょう。

メスの牛の前に子牛を見せて乳《ちち》が出やすいようにして、後ろから人が乳《ちち》しぼりをしている様子です。２頭のメスの牛を描《えが》いていることから、複数飼《ふくすうか》っていた家畜《かちく》だとわかります。

アジアの発酵文化

世界でも発酵文化が多様に発達・浸透《しんとう》している地域《ちいき》が、メコン川流域《りゅういき》の東南アジアと日本をふくむ東アジアです。高温多湿《こうおんたしつ》な気候は、微生物《びせいぶつ》が活動しやすく、発酵しやすい環境《かんきょう》といえます。

ヤシの実は熟《じゅく》すと、ほうっておいても自然発酵し、それをサルがねらって食べてよっぱらうという例もあります。ラオスでは、木の水がたまるところに木の実が落ちて自然発酵したアルコール飲料をもとに、酒づくりをはじめたという言い伝えがあります。

穀物《こくもつ》や魚介類《ぎょかいるい》を発酵させた調味料が豊富《ほうふ》にあるのも特徴《とくちょう》のひとつです。とくに豆類を発酵させる食文化はアジア特有といえます。みそもしょう油も大豆からつくりますし、トウバンジャンやコチュジャンなど、中国や朝鮮《ちょうせん》の「○○ジャン」とよばれる調味料も大豆の発酵食品です。その味はしょっぱいもの、からいもの、あまみのあるもの、酸味《さんみ》のあるものなどさまざまで、豊《ゆた》かな食文化を支《ささ》えているといえるでしょう。

生活を豊《ゆた》かにした発酵食品

食べものを火で加熱するのは、味をよくするだけでなく、生肉をかみやすくし、消化しやすくする効果《こうか》がありますが、発酵にも消化吸収《きゅうしゅう》しやすくする効果《こうか》があります。微生物《びせいぶつ》が食べものを事前に分解《ぶんかい》してくれていると考えるとわかりやすいでしょう。それまでは長くかんでからのみこまないと体内で消化できなかったのですが、これによって食事の時間が短縮《たんしゅく》できるようになりました。

発酵により食料の保存《ほぞん》ができるようになるものもあります。毒《どく》があるものや、消化できないものも、発酵により食べられるようになることがあります。発酵のおかげで食べものが豊《ゆた》かになると、狩猟《しゅりょう》や農耕《のうこう》の時間も短縮《たんしゅく》できます。

こうした時間短縮《たんしゅく》が重なれば、ほかのことに時間を使えるようになります。発酵は、生活を豊《ゆた》かにし、文化を発展《はってん》させるひとつのきっかけになったと考えられるでしょう。

日本の発酵食品の歴史

日本独自《どくじ》の発酵食品はたくさんあります。それらがどのようにつくられるようになり、発展《はってん》していったのか見てみましょう。

さまざまな発酵食品のもとになった「ひしお」

日本では、農耕《のうこう》がはじまる前、魚介類《ぎょかいるい》や海藻《かいそう》、動物の肉、植物の葉やくき、くだものや木の実などを食べていました。そうした食物を塩につけ保存《ほぞん》している間に、自然に発酵してできたと考えられるのが「ひしお」です。縄文《じょうもん》時代の末期である3000年ほど前からつくられていたと考えられています。中国の同時期の文献《ぶんけん》『周礼《しゅうらい》』に「醤（ひしお）」の記録が残されているので、もしかしたら、日本に渡ってきた人が伝えたのかもしれません。

はじめのころは、魚や植物、穀物《こくもつ》などからできていましたが、古《こ》墳《ふん》時代（3世紀《せいき》～6世紀《せいき》ごろ）の前後あたりに、中国から「唐《から》びしお」、朝鮮半島《ちょうせんはんとう》から「高麗《こま》びしお」の製法《せいほう》が伝わり、本格的《ほんかくてき》にひしおがつくられるようになりました。

飛鳥《あすか》時代末期から奈良時代中期に用いられた『大宝律令《たいほうりつりょう》』（701年）では、ひしおを専門《せんもん》につくる「醤院《ひしおつかさ》」という役所が設《もう》けられていました。大豆や米、麦などを原料にして、ひしおは市場で売られていたともいわれています。ただ、もろみのようなものか、みそのようなものか、まだ区別していなかったようです。平安時代にまとめられた法律書《ほうりつしょ》『延喜式《えんぎしき》』（927年）では「末醤」「味醤」を「みそ」とよぶようになり、材料や配合などつくり方が具体的に書かれています。

そうして、みそは「しょう油」に、植物でつくっていたひしおは「つけもの」に、魚でつくっていたひしおは「魚しょう」や「なれずし」へと発展《はってん》していきました。

▶『類聚雑要抄《るいじゅうざつようしょう》』巻《まき》第一下の部分
1116年1月23日に東三《ひがしさん》条殿《じょうどの》でおこなわれた内大《ないだい》臣《じん》・藤原忠通《ふじわらのただみち》の大饗《だいきょう》（大規《だいき》模《ほ》で正式なうたげ）で出された食事の様子が描《えが》かれています。図の下側と上側に人が座り、それぞれの手前の左手にある小皿の横に「醤（ひしお）」とあります。ほかに酒や酢《す》などの発酵食品も見られます。

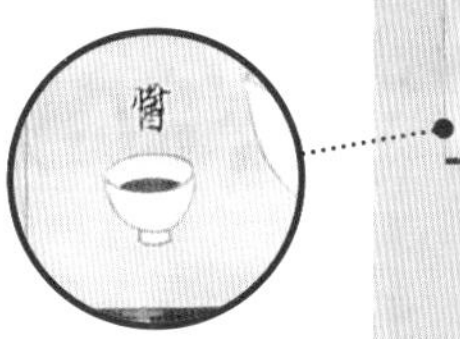

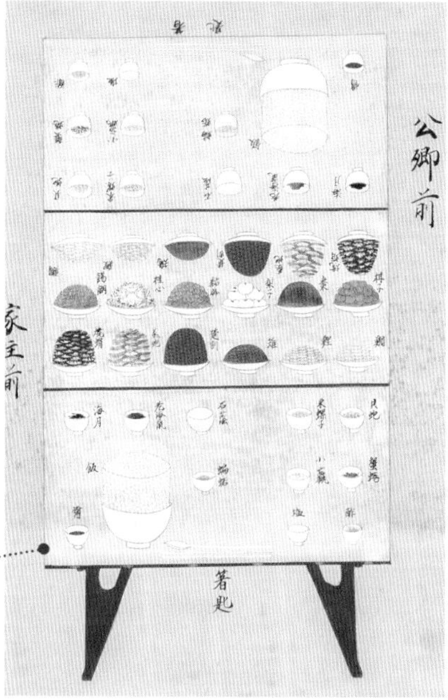

麹《こうじ》による発酵文化の誕生《たんじょう》と発展《はってん》

稲作《いなさく》がはじまる前から、ヤマブドウやキイチゴなどのくだものを発酵させた酒が飲まれていました。稲作《いなさく》が伝わってからは、少なくとも弥生《やよい》時代の西日本では米をもとにした酒がつくられていたようです。奈良時代（710～794年）には中国から米麹《こめこうじ》を使った酒づくりが伝わり、醸造方法《じょうぞうほうほう》が全国に広まったと考えられています。

平安時代（794～1185年）に入ると、みそづくりにも麹《こうじ》が使われるようになりました。麹《こうじ》は重要視《じゅうようし》され、京都の北野天満宮《きたのてんまんぐう》に麹《こうじ》製造販売権《せいぞうはんばいけん》を独占《どくせん》する「麹座《こうじざ》」が誕生《たんじょう》します。鎌倉《かまくら》時代（1185～1333年）になると日本酒をつくる寺や酒店が増《ふ》えていき、商業の発達とともに大きな収入源《しゅうにゅうげん》となっていきました。室町《むろまち》時代（1336～1573年）には種麹《たねこうじ》を売る「麹売《こうじう》り」が登場するほど需要《じゅよう》があり、酒づくりやしょう油づくりの技術《ぎじゅつ》が大きく発展《はってん》しました。

口《くち》噛《か》みの酒《さけ》

米はかめばかむほどあまくなります。唾液《だえき》にふくまれるアミラーゼという消化酵素《しょうかこうそ》がデンプンを糖化《とうか》するからです。発酵と同じしくみの変化です。このはたらきを、今では科学的に理解《りかい》できますが、昔の人々は経験《けいけん》で知っていました。8世紀《せいき》ころに記された『大隅国風土記《おおすみのくにふどき》』に、この「口《くち》噛《か》みの酒《さけ》」の風習が紹介《しょうかい》されています。大隅国《おおすみのくに》（現在《げんざい》の鹿児島県東部）では村の人が集まり、米をかんで出た唾液《だえき》を容器《ようき》にためて、自然に発酵させてできた「口《くち》噛《か》みの酒《さけ》」で神事を祝い、みんなで酒を楽しんだそうです。この風習は、100年ほど前まで、沖縄や北海道の祭りの行事としておこなわれていました。中南米や台湾《たいわん》でもトウモロコシやイモ類で同様の酒づくりをしていた歴史があります。

まだまだある、日本で生まれた発酵食品

●すしと酢《す》

酢《す》がつくられる前まで、すっぱいものは、乳酸《にゅうさん》発酵による野菜のつけものや、すしのもとといえる魚と塩と米を発酵させた「なれずし」で食べていました。ともに生まれたのは奈良時代のころです。なれずしづくりは、米を食べるというよりも、魚を保存《ほぞん》するための方法で、冷蔵庫《れいぞうこ》のない時代にはとても重宝《ちょうほう》された技《わざ》でした。

酢《す》は奈良時代に、中国から酒づくりとともに伝わったといわれています。当時よまれた歌集『万葉集《まんようしゅう》』に、ひしおと酢《す》を合わせた「醤酢《ひしおす》」でタイを食べたいという和歌があります。

その後、江戸時代の屋台で酢《す》めしのにぎりずしが登場すると、酢《す》の需要《じゅよう》が大きく高まりました。酒づくりをしていた中野又左衛門《なかのまたざえもん》(ミツカン初代) は、酒かすを利用した酢《す》づくりをはじめました。これまで高価《こうか》な米酢《こめず》が使われていましたが、安いだけでなく風味も合うということで、かす酢《ず》が人気になり、広まりました。

●しょう油

鎌倉《かまくら》時代に中国から伝わった、野菜をいっしょにつけこむ径山寺《きんざんじ》（金山寺《きんざんじ》）みそは、水分が多いものでした。そのたるの底にしずんだ汁や、おけの上に浮《う》いてきた汁《しる》をなめてみるとおいしかったことから、調味料として使うようになりました。これがしょう油の起源《きげん》といわれています。室町《むろまち》時代に入ると、京都に伝わり、ふつうのみそづくりで表面に浮《う》いてくる「たまり」が使われるようになり、中期になると「しょう油」という言葉が文献《ぶんけん》にあらわれ、広まったことがわかります。

江戸時代になると、しょう油はみその副産物ではなく、商売としてつくられるようになりました。中期には今とほぼ同じような、しょう油麹《こうじ》からもろみ熟成《じゅくせい》をし、しぼるという製法《せいほう》が完成《かんせい》したといわれています。

▲『大日本物産圖會《だいにほんぶっさんずえ》　下総國醤油製造之圖《しもうさのくにしょうゆせいぞうのず》』（1800 年代後半）三代目歌川広重《うたがわひろしげ》 画
千葉県野田《のだ》市にある亀甲萬（キッコウマン）の蔵《くら》のしょう油づくりの様子です。
このあたりは江戸時代後期からしょう油づくりがさかんになりました。

●カツオ節

発酵食品のカツオ節ができる前、奈良時代からカツオを干《ほ》した「堅魚《かたうお》」や、煮《に》てから干《ほ》した「煮堅魚《にかたうお》」がつくられ、その汁《しる》を煮詰《につ》めた「堅魚煎汁《かつおのいろり》」は調味料として室町《むろまち》時代まで重宝《ちょうほう》されてきました。室町《むろまち》時代には煙《けむり》でいぶして乾《かわ》かす「焙乾《ばいかん》」という方法が加わり「荒《あら》節《ぶし》」がつくられるようになります。その後、紀州《きしゅう》で改良が加えられ、江戸《えど》時代初期に大人気になり、多くの料理書に紹介《しょうかい》されました。この技法《ぎほう》が土佐《とさ》に伝わりましたが、カビが生えやすい欠点《けってん》がありました。そこで悪いカビを退治《たいじ》するために良質《りょうしつ》なカビを利用することに成功します。カビの発酵を利用することにしたのです。そのおかげで長期保存《ちょうきほぞん》ができるようになり、カビつけの回数を増《ふ》やすことで、水分や脂肪分《しぼうぶん》をぬき、うまみを凝縮《ぎょうしゅく》させる方法が編《あ》み出《だ》されました。

▲『大日本物産圖會《だいにほんぶっさんずえ》　同鰹節《どうかつおぶし》を製《せい》ス圖《ず》』（1800 年代後半）三代目歌川広重《うたがわひろしげ》 画
高知県の土佐《とさ》の海辺でおこなわれるカツオ節づくりの様子を描《えが》いています。
10 ～ 13 ページで紹介《しょうかい》したカツオ節の技《わざ》に受けつがれているのがわかります。

●糸引き納豆《なっとう》

大豆と稲《いな》わらがあればできるため、弥生《やよい》時代にできたという説もありますが、一般的《いっぱんてき》には室町《むろまち》時代からつくられるようになったといわれています。江戸時代には町に納豆《なっとう》売りがいたというのですから、一般《いっぱん》に広まっていたことがわかります。

●ぬかづけ

つけものは 2000 年以上前からつくられてきていますが、そのころは塩や酒かす、みそなどが使われていました。米ぬかに塩水を加えた「ぬか床《どこ》」に野菜などをつける、ぬかづけがつくられるようになったのは、江戸《えど》時代あたりからといわれています。ぬか床《どこ》は長年つぎたしながら使い続けられるのが特徴《とくちょう》で、一般家庭《いっぱんかてい》に広まりました。

科学による発酵の進化と未来

食べものが変化しておいしくなるしくみは、わからないまま何千年も伝わってきました。近年、発酵が科学的に解明《かいめい》されたことで進化したこともたくさんあります。

発酵は微生物《びせいぶつ》のはたらきと証明《しょうめい》

現在《げんざい》は、みそも酢《す》も日本酒もパンも、すべて発酵によってできる食品だと知っていますが、ほんの150年前までは、なぜこのような変化がおこるのかはわかっていませんでした。「こうやってつくればワインができる」「この種もやしを使えばみそができる」というふうに、発見された発酵食品のつくり方を改良しながら伝えられた方法でつくってきたのです。

およそ8000年も伝承されてきた発酵の解明《かいめい》に、まず1歩近づいたのは微生物《びせいぶつ》の存在《そんざい》の発見です。1674年、オランダのアントニ・ファン・レーウェンフック（1632～1723年）は100～250倍に拡大《かくだい》して見ることができる顕微鏡《けんびきょう》をつくり、それで水を見てみると、動く小さなものを発見しました。肉眼《にくがん》では見えない、小さな生きもの「微生物《びせいぶつ》」の存在《そんざい》をあきらかにしたのです。

微生物《びせいぶつ》の研究は進み、発見から約200年後、フランスの細菌学《さいきんがく》者《しゃ》ルイ・パスツール（1822～1895年）が、1860年にワインがくさる原因《げんいん》を研究しているときに、ブドウがワインになるためには「イースト（酵母《こうぼ》）」のはたらきが必要であると証明《しょうめい》しました。アルコール発酵は酵母《こうぼ》によるものであることがわかりました。酢《す》などをつくる酢酸《さくさん》発酵も別の微生物《びせいぶつ》（酢酸菌《さくさんきん》）のはたらきによるものと発見します。

▲パスツールは白鳥の首フラスコを使って、外から不純物《ふじゅんぶつ》は入らず、空気や蒸気《じょうき》は出入りできる状態《じょうたい》にして、微生物《びせいぶつ》が自然発生する説を否定《ひてい》しました。

日本の発酵科学の進化

日本の発酵食品の多くに使われるコウジカビは目に見えます。そのため、パスツールの研究結果が日本の発酵文化の中ですぐに活躍《かつやく》する場はありませんでした。しかし時代は明治で、西洋文化が取り入れられ、ビールの醸造《じょうぞう》や製《せい》パンをおこなうためのイースト菌《きん》の活《かつ》用技術《ようぎじゅつ》が入ってきました。このイースト菌《きん》は発酵を生み出すものとして「酵母《こうぼ》」と日本語訳《にほんごやく》されます。

日本酒の発酵のもととなるコウジカビは目に見えるかたちで管理されてきましたが、コウジカビからつくられる麹《こうじ》と水を合わせてしこんだあと、アルコールをつくり出す発酵の酵母《こうぼ》は、代々酒づくりをしてきた酒蔵《さかぐら》にすみついた「蔵《くら》つき酵母《こうぼ》」にたよっていました。自然まかせといってもいいでしょう。そこで政府が、日本酒の味を科学的に再現《さいげん》できるようにと、1904年に「大蔵省醸造試験所《おおくらしょうじょうぞうしけんじょ》」を開設《かいせつ》しました。優良《ゆうりょう》な菌《きん》を取り出して育て、酒の品質《ひんしつ》の安定と向上を目指したのです。

1906年、試験所の研究成果を役立てるために「醸造協会《じょうぞうきょうかい》」（現《げん》・日本醸造協会《にほんじょうぞうきょうかい》）が設立《せつりつ》され、現在《げんざい》にいたるまで、開発された純粋培《じゅんすいばい》養酵母《ようこうぼ》の頒布《はんぷ》や醸造関連《じょうぞうかんれん》の図書の発行などをおこなっています。

今では、科学的に製造《せいぞう》されるコウジカビや酵母《こうぼ》、細菌《さいきん》は、発酵食品が安定供給《あんていきょうきゅう》されるためにたいせつな存在《そんざい》だとわかっています。それと同時に、自然の力を最大限《さいだいげん》に生かして発酵させる場合にも、科学的根拠《こんきょ》にもとづいた環境管理《かんきょうかんり》などがおこなわれています。発酵食品に関係する人々は、昔ながらの日本の技《わざ》と新しい研究とを合わせながら、よりよいもの、時代が求めるものをつくるため、今も努力を惜《お》しまず研究しているのです。

▲赤《あか》レンガ酒造工場《しゅぞうこうじょう》（東京都北区《きたく》）

▲研究室

◀1904年に東京都北区《きたく》に醸造試験所《じょうぞうしけんじょ》第一工場として建てられた赤レンガ酒造工《しゅぞうこう》場《じょう》の現在《げんざい》の外観《がいかん》と、当時の研究者たちの様子。設計《せっけい》は妻木頼黄《つまきよりなか》で、2014年に国の重要文化財《じゅうようぶんかざい》に指定《してい》されました。

発酵食品の仕事をするには

伝統《でんとう》と科学の知識《ちしき》が必要な発酵食品にかかわる仕事は、とても多くの種類があります。将来《しょうらい》、関係する仕事につくにはどうすればいいのか見ていきましょう。

仕事の種類はいろいろ

人気の職業《しょくぎょう》のひとつ、パン屋さんも発酵にかかわる仕事です。日本酒の蔵元《くらもと》で働くのも、飲食店で発酵食品を手づくりするのも選択肢《せんたくし》のひとつです。できた発酵食品を販売《はんばい》する仕事もたいせつです。バイオ発酵にかかわる研究所につとめたり、発酵でつくられる栄養食品やサプリメント（栄養補助食《えいようほじょしょく》品《ひん》）のメーカー勤務《きんむ》や、大学で微生物《びせいぶつ》の研究したり学生に教えたりするのも大事な仕事です。

おもな収入《しゅうにゅう》にはならなくとも、家庭でつけものなどを手づくりすることも、発酵の文化をつなげるたいせつなことです。24ページの「みそづくりにチャレンジ！」で紹介《しょうかい》した講座《こうざ》を開く吹留《ひいどめ》さんのような活動もあります。発酵にかかわる仕事とは、どんなものがあるのか知っておくことからはじめましょう。

発酵を勉強するには

まずはいろいろな発酵食品を知って、微生物《びせいぶつ》の力を感じてみましょう。米が麹《こうじ》になったり、酢《す》になったり、みそになったりするんです。家庭で発酵食品を手づくりして研究するのも楽しい学びになるはずです。そして、深く知りたいと思えば、将来《しょうらい》、調理や家政関係《かせいかんけい》の学科のある学校や、微生物《びせいぶつ》について学べる農業・植物系や科学系の学部のある大学で学ぶことができます。どんなかたちで発酵とかかわりたいのかを考えて、学校を選ぶといいでしょう。

微生物《びせいぶつ》たちのがんばりを支《ささ》えたい

佐々木《ささき》 優大《ゆうだい》 さん
ちば醤油株式会社《しょうゆかぶしきがいしゃ》
醸造部《じょうぞうぶ》　部長

高校生のころから食べることが好きだったことや、父の日本酒好きが影響《えいきょう》して、東京農大で醸造《じょうぞう》を学びたいと進学しました。実際《じっさい》に学びはじめると、微生物《びせいぶつ》がどんどん愛《いと》おしくなっていくんです。「この子たちががんばってしょう油をつくってくれるんだ」って思うと、今まで小皿にたっぷり入れていたしょう油がもったいなくて、使う分だけを入れるようになりました。

学んだことを生かすため、2005年に今の会社に入りました。はじめのうちはしょう油の検査《けんさ》ばかりで退屈《たいくつ》だな、と正直思っていたのですが、つくっているスタッフの人たちとかかわるようになってから、グンと仕事の楽しさを感じるようになったんです。わたしは醸《じょう》造《ぞう》に関して勉強してきましたが、スタッフの人たちは日々の作業のちょっとした変化などにくわしいんです。この両者のコミュニケーションを図ることで、しょう油づくりはかわっていきます。作業の「なぜ」がわかると、考えて作業ができるようになるんです。気持ちももちろん入ります。これでおいしいしょう油ができないわけがないですよね。

また最近は、工場見学などで小学生のみなさんにしょう油づくりについて紹介《しょうかい》することがあります。千葉県はしょう油の産地ですから、この文化をたいせつにして、つなげていくことにも大きなやりがいを感じています。

発酵食品と日本文化

自然の中で生まれた発酵を、いつしか人はコントロールできるようになり、食文化に取り入れていきました。発酵には、食べものをおいしくしたり、保《ほ》存《ぞん》できるようにしたり、栄養価《えいようか》を高めたり、消化を助けたりするはたらきがあります。よいものだからこそ、世界中でさまざまな発酵食品が食べられてきたのでしょう。

それぞれの地域《ちいき》で、その気候風土に合った発酵食品がつくられています。日本にはニホンコウジカビという独自《どくじ》の微生物《びせいぶつ》がいて、わたしたちの食文化を豊《ゆた》かにしています。微生物《びせいぶつ》であると知られていない時代から、育て活用してきたのです。

今、環境問題《かんきょうもんだい》のひとつに、食品廃棄物《しょくひんはいきぶつ》を減《へ》らす必要があるといわれています。その問題を解決《かいけつ》する役割《やくわり》としても発酵は注目されています。食べきれない野菜をつけものにして保存《ほぞん》したり、捨ててしまいがちな魚介《ぎょかい》の内臓《ないぞう》を発酵させて塩からにしたり、生ごみを分解《ぶんかい》して田畑の栄養にしたり、発酵はさまざまな活躍《かつやく》が期待されています。

昔ながらの発酵の技《わざ》を守りながら、新しい技術《ぎじゅつ》を取り入れて発展《はってん》させ、日本文化のひとつとして未来につなげていくことがたいせつです。

著者…和の技術を知る会
装丁・デザイン…DOMDOM
撮影…イシワタフミアキ、田邊美樹
イラスト…あくつじゅんこ、川壁裕子（DOMDOM）
編集協力…山田 桂

■撮影・取材協力
カネサ鰹節商店
https://katsubushi.com/
ちば醤油（株）
https://www.chibashoyu.com/
（公財）日本醸造協会
https://www.jozo.or.jp/
（株）菱六
（一社）くすのき自然クラブ
https://kusunoki-sizenclub.jimdofree.com/

■参考資料
『食のフォーラム 発酵と食の文化』小崎道雄・石毛直道編／ドメス出版 1986
『もっと知ろう！　発酵のちから』小泉武夫監／ほるぷ出版 2017
『醸造に学ぼう 発見！微生物の力』（独）酒類総合研究所 2008
『発酵食の歴史』マリー＝クレール・フレデリック著／吉田春美訳／原書房 2019
『かつおぶしができるまで』宮崎祥子著／白松清之写真／岩崎書店 2016

■写真・図版・資料協力
＜カバー・表紙＞
しょう油製造工程：ちば醤油（株）、カツオ節製造工程：カネサ鰹節商店、麹：（株）菱六、『大日本物産圖會　摂津國伊丹酒造之圖』『大日本物産圖會　同鰹節を製ス圖』：国立国会図書館、ございづけ：東海漬物（株）漬物機能研究所 全国漬物探訪第 45 回『茨城編』、へしこ：農林水産省 Web サイト*、わさびづけ：海産屋

P1 ～ 3 ＜本扉／はじめに／もくじ＞
しょう油製造工程：ちば醤油（株）、『大日本物産圖會　摂津國伊丹酒造之圖』：国立国会図書館、カツオ節製造工程：カネサ鰹節商店、種麹：（株）菱六、みそづくり：（一社）くすのき自然クラブ

P4 ～ 9 ＜発酵の世界へようこそ＞
カツオ節：カネサ鰹節商店、塩から：海産屋、納豆：観光いばらき フォトライブラリー、大豆・麦：ちば醤油（株）、みき・あゆうるか・へしこ・しょうゆの実・ひねずし（石川県水産総合センター）・松前づけ：農林水産省 Web サイト*、ございづけ：東海漬物（株）漬物機能研究所 全国漬物探訪第 45 回『茨城編』、碁石茶®：大豊町碁石茶協同組合、わさびづけ：海産屋

P10 ～ 19 ＜発酵の技を見てみよう＞
カツオ節づくりのスゴ技：カネサ鰹節商店、しょう油づくりのスゴ技：ちば醤油（株）、種麹づくりのスゴ技：（公財）日本醸造協会・（株）樋口松之助商店・（株）菱六

P20 ～ 21 ＜外国の発酵食品を見てみよう＞
シュールストレミング：(cc)Lapplaender、アイラン：(cc)Mavigogun、ラペソー：日本アセアンセンター、テンペ：(cc)Sakurai Midori

P22 ～ 23 ＜食以外で活躍する発酵技術＞
染色：（一財）徳島県観光協会、新素材：アルケーウィル（株）

P24 ～ 25 ＜みそづくりにチャレンジ！＞
指導・レシピ：（一社）くすのき自然クラブ、協力：山村愛・山村葵・山村陽

P26 ～ 31 ＜もっと発酵を知ろう＞
『類聚雑要抄』：国立歴史民俗博物館、『大日本物産圖會　同鰹節を製ス圖』：国立国会図書館、『大日本物産圖會　下総圖醤油製造之圖』：都立中央図書館特別文庫室、赤レンガ酒造工場：（公財）日本醸造協会、発酵食品の仕事をするには：ちば醤油（株）

（敬称略）

＊農林水産省 Web サイト（https://www.maff.go.jp/index.html）

子どもに伝えたい和の技術 10　**発酵食品**

2021 年 2 月　初版第 1 刷発行

著 …………………… 和の技術を知る会
発行者 …………… 水谷泰三
発行所 …………… 株式会社**文溪堂**　〒 112-8635　東京都文京区大塚 3-16-12
TEL：編集 03-5976-1511
営業 03-5976-1515
ホームページ：https://www.bunkei.co.jp
印刷・製本 ……… 図書印刷株式会社
ISBN978-4-7999-0380-3/NDC508/32P/293㎜× 215㎜